书中蝴蝶

中国当代藏书票

金城出版社 GOLD WALL PRESS

天津教育出版社

中国当代藏书票

莺争暖树燕啄泥 灵性动物——

陈瑀 沈泓 著

金城出版社

天津教育出版社
GOLD WALL PRESS

作者简介

陈瑀

本科毕业于美国乔治·华盛顿大学商学院，曾任该校中国学联公关部长；研究生毕业于约翰·霍普金斯大学，曾任该校中国学联主席。自幼爱好文化艺术，曾随父走遍中国各地寻找逝去的年画并在珠海市展览馆和图书馆举办"抢救传统——木版年画收藏展""纸上宝石——中国藏书票收藏展""传承经典——中国藏书票艺术展"等展览，读大学时在美国举办"中国民间年画收藏展"，致力于中外文化传播和交流。编写专著《中国民间年画诸神文化丛书·禄神文化》《成语密码——民间美术中的典故由来》等。曾就职于报社，现任职世界500强企业高级金融分析师。

沈泓

本名陈宏，中华门神文化研究中心学术顾问、中国艺术人类学研究中心专家委员会委员、中国传统工艺研究会理事等。30多家出版社出版个人专著190多本，代表作有"寻找逝去的年画""中国民间年画诸神文化""品年画读经典""中国民俗文化""民间图像中的中国民俗""中国民俗文化探幽""鉴赏与收藏""专家解读艺术品鉴赏投资""古玩收藏鉴赏全集""图案里的中国故事""非遗·中国年画经典""非遗·中国剪纸经典""中国雕版"等丛书，其著作多次再版、出修订版、被购买版权、获"最美的书"图书奖等。现居深圳、东莞专事写作。

前　言

　　藏书票是贴在书的扉页或夹在书中表明藏书主人的标识，如用一句更简洁的话表述，藏书票就是代表藏书主人的标识。

　　艺术家通常采用木版、铜版、丝网版、石版等版画形式，创作各种美术图案的藏书票，署上"某某藏书""某某之书""某某爱书""某某珍藏"等字样，并印上国际通用的藏书票标志"Ex Libris"。作为小版画或微型版画，藏书票以其小巧玲珑、精美雅致的艺术性，被誉为"书中蝴蝶""纸上宝石""书中精灵""版画珍珠"等。

　　已故藏书票艺术大师杨可扬在《可扬藏书票》（上海人民美术出版社1994年版）一书中，从艺术家的角度概括藏书票："藏书票是外来的艺术形式，是实用与审美结合、图像与文字并重的一种特殊艺术品；同时，藏书票属于小版画或微型版画的范畴，幅面不大，但小而精，有自己灵活多样的形式，更有精深丰富的内涵，方寸之间天地广阔。它是供读书、爱书、藏书者使用的一种标志，也是书籍的一种美化装饰。"

　　杨可扬的这段话说明了藏书票的特点、形式和功能。

　　藏书票的构成有三个基本要素，一是图画，二是要有"Ex Libris"拉丁文标志，三是要有票主姓名，即"XX藏书""XX书票""XX的书"等。根据国际藏书票参展参赛要求，藏书票必须标明"Ex Libris"一词，有时还要标明"XX藏书"。

　　藏书票的功能是表明书的主人，在功能上，藏书票和古代藏书章一样，只不过藏书章是盖在书上，藏书票是粘贴在扉页或夹在书中。它们皆为藏书的标志，均表明藏书的主人。

藏书票从20世纪初在中国出现，20世纪80年代在中国兴起，20世纪末至今蓬勃发展，得到越来越多读书人的青睐，也受到众多藏家的追捧。

藏书票的收藏价值首先是由其艺术价值决定的，每一张藏书票都是一幅画，富有隽永的艺术魅力；其次，藏书票题材广泛，内容丰富，包罗万象，蕴涵丰富；再次，藏书票是艺术家亲手刻印的版画原作，印量极少，一般只印10张到100张，多亦不过200张，物以稀为贵。此外，藏书票票幅小，犹如一张邮票小型张，易于收集，易于保存，因此越来越多的收藏爱好者视其为收藏珍品。

作为舶来品，藏书票在中国只有大约110年的历史，经受战乱、时局等影响，只有极少数版画艺术家和知识分子接触过藏书票，直到改革开放以后，藏书票才枯木逢春，逐渐复苏并迅速发展。

由于藏书票是新生事物，一切都在探索和发展中，很多方面都没有形成定式。如藏书票的命名就没有一定之规，即使同一个作者对同一张图，也常有两种命名。通常情况下藏书票的命名有三种方式：以票主命名，如"XX藏书"；以画面主题或题材命名，如"仙人掌"；作者自己写了题名。原则上一般首选作者写的题名，但为保持藏书票命名的统一，本书中的藏书票主要采用票主命名的方式，创作年份不详的不标注。

藏书票是一个珍珠闪烁、宝石耀眼、蝴蝶翩飞、五彩缤纷的世界，愿"书中蝴蝶：中国当代藏书票"丛书带您走进这个绚丽而神奇的世界。

目录 | CONTENTS

002   陆放：诡谲的怪兽

006   易阳：水珠中的灵性

016   沈延祥：鱼翔大海

020   邵黎阳：木刻技法出神入化

024   宋恩厚：洒脱飘逸

026   丁立松：匠心妙思

032   丁金胜：生动自然

042   叶枝新：动感十足

046   董其中：张力充盈

050   邵克萍：蝶之舞

052   莫测：意境开阔

054   贾茹：简洁平实

056   聂雁龙：绝版套色的魅力

060   许汝良：相映成趣

062   许英武：形神兼备

076   赵志方：花鸟虫的情趣

088   力群：永恒的无声歌唱

090　　张嵩祖：啄木鸟和蛋

092　　张家瑞：简洁生动

098　　张莺懿：线条泼辣、赋形准确

102　　赵奎礼：黑白构图的魅力

104　　董邯：平和老到

106　　邵明江：方寸之间天地宽

116　　沈园富：成熟的造型

120　　张继友：突破空间

122　　徐鸿兴：绚丽归于平淡

124　　孙玉洁：古朴多彩

132　　陈川：抽象中的景象

134　　王晶猷：相依相伴的企鹅

136　　辛宝立：富有活力

138　　甘畅：简约平和

164　　毕崇庆：朴拙灵动

168　　张莉：剪纸一般的气韵

172　　佚名：守门石狮

174   宋建平：油画般的技法

176   邱凝：古朴砖刻

178   王昆：灵性木刻

184   丁晖明：书中自有大千世界

188   张一才：闲适有趣

190   徐良发：古灵精怪

192   武安伟：矜持而高冷

194   陈立：骆驼之歌

196   周富德：饱满中有留白

200   张文荣：生趣盎然

204   三泉：传统又现代

208   唐润华：淡雅润泽

212   阎敏：骨感的鱼

214   陈燕林：鱼随水草游弋

216   张翔：渐变的蓝色梦幻

218   张天星：花鸟纹鱼

220   吴若光：古典韵味

222   胡军：盘中双鱼

224   钱良图：微型藏书票

226   张志有：三鱼图

228   张波：粗壮与纤细

230   孙煌：刀法酣畅

232   顾锡田：金石美感

234 马心义：别出心裁

236 王建国：海螺的声音

238 何戚明：青蛙与蜻蜓对话

240 张兆鑫：神奇的蜗牛

242 王敢：水印木刻的韵味

244 侯秀婷：橄榄枝长出鸽子

248 蔡欣：放飞和平

250 刘琛：画有尽而意无穷

252 张丰泉：小巧玲珑

256 高华：寓意多韵

258 刘晓东：和平之鸽

262 温洪声：一鹤一琴

264 郁田：飞鹤图

266 孙培伦：铜镜瓦当映像

268 袁振璜：深情地等待

270 元国梁：书山有路勤为径

272 刘继鹏：天空猎手

274 金栋：双鹰嬉戏

276 曹广胜：凤凰变奏曲

278 唐华志：曲项向天歌

280 娄启盘：双鸭图

282 杨春华：两只小鸟

284 周世荣：岩画风韵

288   王富强：星空龙凤

290   张克勤：浓郁民族风

294   颜复兴：树间音符

296   王玉亭：嗷嗷待哺

298   洪凯：花鸟寓吉祥

302   梁凌：变形夸张的动物

304   徐明跃：睡在扇子上的猫

306   吴家华：对称双狮

308   胡有全：骆驼饮水图

310   白树镛：西域风情

312   秦国君：骆驼剪影

314   赵传芳：民间美术神韵

316   郝伯义：黑熊的拱手礼

318   刘硕仁：江中白鱀豚

320   蒋艳俐：水精灵

322   吴亮：禅意的猫

324   滕维平：茫然的骡子

326   熊琦：空灵的音符

328   张娥：娇憨的小驴

330   黄吉春：活泼明快的禽鸟

334   王维德：质朴的浪漫

338   邵卫：大尾巴猫

340   姜丕中：熊猫与和平

342　　范天行：和平礼赞

344　　瞿安钧：鹊上梅梢

346　　瞿蔚：诗意哲学

348　　郑震：老辣的刀法

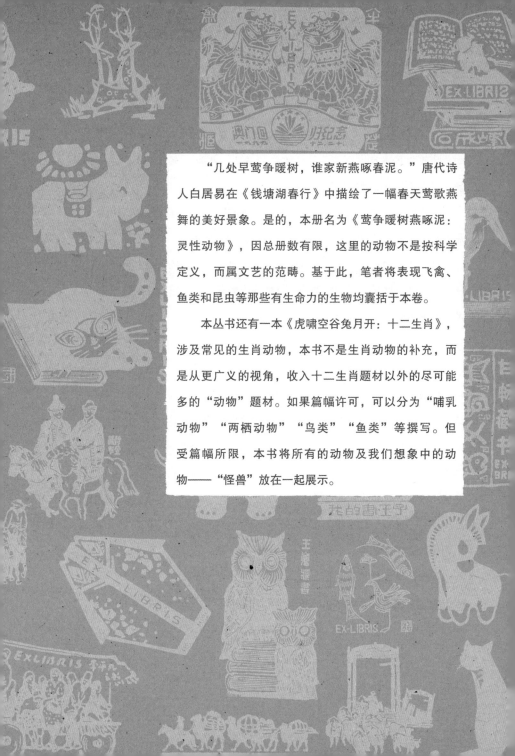

　　"几处早莺争暖树，谁家新燕啄春泥。"唐代诗人白居易在《钱塘湖春行》中描绘了一幅春天莺歌燕舞的美好景象。是的，本册名为《莺争暖树燕啄泥：灵性动物》，因总册数有限，这里的动物不是按科学定义，而属文艺的范畴。基于此，笔者将表现飞禽、鱼类和昆虫等那些有生命力的生物均囊括于本卷。

　　本丛书还有一本《虎啸空谷兔月开：十二生肖》，涉及常见的生肖动物，本书不是生肖动物的补充，而是从更广义的视角，收入十二生肖题材以外的尽可能多的"动物"题材。如果篇幅许可，可以分为"哺乳动物""两栖动物""鸟类""鱼类"等撰写。但受篇幅所限，本书将所有的动物及我们想象中的动物——"怪兽"放在一起展示。

陆放：诡谲的怪兽

陆放为日本友人创作了系列动物藏书票，共有10多张，"怪兽"是笔者的命名。

陆放刻刀下的这些动物似虎非虎，似狮非狮，似猴非猴，似马非马，似豹非豹。

这些神怪动物很多是人身兽面，这些兽面又有人面的特征。无疑，这是非现实的动物，是想象中的艺术，是艺术的提炼和抽象。

艺术贵在独创和风格，有独创才有风格。

可以说，这些神怪动物是陆放的独创，我们在其他画家的作品中很少看到，这形成了陆放藏书票独特的题材领域。诡谲的世界，迷离的悬念，陆放将怪兽题材作为表达人生情感和意识的方式，作为表达个人思考、感受和美学追求的载体，是他对人生百态的一种独到的表述方式，也是艺术家情绪宣泄的一种途径。

这些"怪兽"藏书票用色艳而不浮，奇中有秀，既有中国传统文化的烙印，又体现了中西融合的气象。从画面可以看出，画家追求的是趣、奇、险、巧，出其不意又意在其中，深得中国传统神话艺术的精髓，又融汇了西方漫画元素，有一种中西合璧、融会贯通、独成一家的气象。

◆ 怪兽（一）　　　　◆ 怪兽（二）

陆放1991年作　　　　陆放1991年作

或许正因为是想象中的动物，陆放的这些藏书票线条
泼辣，气象开阔，有浓烈的艺术表现力和感染力。

从票主的名字可知，这些藏书票大多是为日本友人所
制，富有浓郁的日本艺术风格和特色。

这组藏书票融合了日本传统文化，又有中国神话的气
韵。在艺术上，陆放专注于人物和动物的形象表情，刻画
生动传神，即使是神怪动物，也赋予其人的表情：通过面
容透悉命运，通过姿态感知欲望，通过手势传达心理，通
过眼神传递情感，是一组富有浓郁的东方色彩和东方审美
意蕴的藏书票作品。

◆ 怪兽（三）　　　　◆ 怪兽（四）

陆放1991年作　　　　　　陆放1991年作

易阳：水珠中的灵性

易阳爱猫，家里养有宠物猫。爱猫的画家画猫自然带有特别的感情，世界名猫有暹罗猫、缅因猫、美国短毛猫、中华田园猫等，各有特色，各具风采。易阳创作"世界名猫"系列藏书票，不仅饱含感情，还融入了他对猫细致入微的观察。

"世界名猫"系列藏书票或采用面部特写，或全貌，或单猫或双猫，皆刻画出猫的灵性。他笔下的猫或性格温顺，或聪慧俏皮，尤其是那一双双纯净的眼睛，或温柔，或充满好奇心，表现出对人类的友善，对主人的温存。

每张名猫藏书票都采用了水珠技法，蓝色或咖色，水珠球转动无数晶莹水珠，使画面呈现多向度美学意蕴。其中《世界名猫（一）》，猫的一只前爪踩在蓝色水晶球上，令人想到狮子滚绣球传统图案的吉祥寓意。

事实上，这张深色藏书票并非为吉祥而生。画面一点都不轻松，凝聚了无限辽阔的思考。灵猫脚踏大地，仰望星空，眼神带有哲学家的忧虑。星空陨石雨纷纷而下，地表的几个陨石坑记载了人类与外星球会话的印迹。藏书票拉丁文字母巧妙竖排，伴随陨石雨纷纷而下，仿佛外星来客从天而降。

◆ 世界名猫（一）　　　　◆ 世界名猫（二）

易阳2000年作　　　　　　易阳2000年作

　　灵猫的忧思其实是画家的忧思，灵猫的想象其实是易阳的想象，灵猫的天问其实是易阳的天问。这张藏书票不限于天人合一的思考，不限于对人与动物关系的思考，还蕴含了对外星球探索的尝试，蕴含着宇宙与人类命运共同体的思考。

　　我们欣赏猫，每一只猫的眼睛都审视着我们的眼睛。人海茫茫，人类仍置身孤独星球。在易阳眼里，唯有猫，才能触动我们心灵最柔软的地方；唯有猫，给我们带来永恒的温情和依恋。

　　伴随水珠球，每张名猫藏书票上都有热气球，在幽黑的夜幕中升空，带我们到遥远的地方。一点昏黄的灯火，添几分浪漫，点燃哲思，带我们到梦的深处。

　　浩瀚宇宙，孤独星球，猫类人类；美学、哲学、艺术人类学或艺术猫类学，在"世界名猫"系列藏书票中交汇。

　　后来，易阳创作铜版画《喵星人Style》，则是"世界名猫"系列藏书票的自然延续。

◆ 世界名猫（三）

易阳2000年作

古有"秋水伊人"，或受此启发，易阳将一条鱼命名为"秋水黄金"。

水珠技法创作的无数蓝色水珠中，一条黄金鱼横卧于水珠中间，一束高光照射在鱼背上，金色鱼鳞璀璨夺目。黄金鱼亦名"24K黄金达摩鱼"，是一种珍稀的贵族鱼，身价高达数万元乃至百万元，是名副其实的黄金鱼。

中国传统年画中，鱼总是和富裕、财富有关。鱼和莲花组合，为"莲年有鱼"，谐音取意"年年有余"；胖娃娃伸手捉金鱼缸中游弋的几尾金鱼，为"金鱼满堂"，谐音取意"金玉满堂"。

易阳的《秋水黄金》藏书票在寓意等方面与传统年画"不谋而合"，富有深厚的文化意蕴。画面上，纯净的蓝色和金色相映成趣，鱼鳞和水珠精雕细琢，鬼斧神工。看似不规则的构图，颠覆视觉更显活力；藏书票拉丁文字母暗藏在一个水珠边缘，水珠中刻写票主的名字"易阳"，这些都体现了画家的巧思。

而小小一张藏书票汇集如此繁密的小水珠，即使在易阳的铜版画中也是少见的。水珠与秋水浑然一体，水珠技法又何尝不是铜版画技法中的"秋水黄金"？淋漓尽致地挥洒，堪称水珠技法的极致。

◆ 秋水黄金

易阳2005年作

《凤鹤吉祥图》从形式到内容，都体现了易阳的艺术追求。

在形式上，这张藏书票采取方圆构图，整幅画面都是方形。方中有圆——四枚古钱币是圆形，凤鹤的身姿是圆形，"易阳"印记是圆形；圆中有方——孔方钱外圆内方。这张正方形藏书票还采用了一个特别的形式——菱形，这也是中国传统文化中的吉祥形式。古人喜欢在菱形中写一个福字贴在门上，叫"福菱门"，谐音取意"福临门"。故而采用菱形构图的"凤鹤吉祥图"，在形式上贴切地表达了吉祥寓意。

在内容上，凤凰是中国吉祥文化中代表死而复生的吉祥鸟，鹤是代表长寿的吉祥鸟。易阳将丹顶鹤和凤凰融为一体，与象征财富的嘉庆通宝、乾隆通宝等古钱币放在一张图中，是精神追求与物质追求的融合。而方与圆的巧妙构思，体现了中国传统文化中深邃的思辨哲学，赋予了《凤鹤吉祥图》藏书票深厚的文化底蕴。

◆ 凤鹤吉祥图

易阳2003年作

《发现者》藏书票呈多元题材，骏马是动物题材，带翅膀的少女半人半鸟，显性的动物题材掩藏着艺术家文化的思考和精神追求。《发现者》藏书票创作灵感源于西方骑士精神，也是骑士精神的延展。西方骑士精神是一种人格追求，也是一种精神信仰，是无惧生死、无私无畏、勇往直前的精神。骑士具有八大美德：谦卑（Humility）、荣誉（Honor）、牺牲（Sacrifice）、英勇（Valor）、怜悯（Compassion）、诚实（Honest）、公正（Justice）、灵性（Spirituality）……

《发现者》是对骑士精神的重新发现和呼唤。

在艺术上，这张藏书票想象恢宏，气势如虹，融汇东西。西方青铜骑士造型、带翅膀的天使形象，东方马踏飞燕东汉青铜器经典，熔于一炉。

水珠技法创造的星球，在骑士骏马脚下，只不过是小小星球，是俗世凡尘。在超绝凡尘的精神世界，天马行空，一骑绝尘。

传统图案中的骑士全部是男性，《发现者》画面上的骑士是一个女子。

是的，这是易阳艺境中的骑士，如果是男性骑士，就非易阳之思了。

◆ **发现者**

易阳2001年作

沈延祥：鱼翔大海

　　沈延祥创作的"海洋鱼"系列藏书票中的鱼富有动感，这种动感除了通过鱼本身的冲击游动表现，更是通过对水中环境特别是水波翻滚的动感来表现的。在光与影的明暗变化和对比中，鱼有更多的立体感。

◆ **海洋鱼（一）**   ◆ **海洋鱼（二）**

沈延祥2001年作   沈延祥2001年作

沈延祥注重表现鱼的速度和游姿，其中蕴含着一种精神和力量。在这组表现鱼的藏书票中，几乎每一条鱼都如箭似梭，给人一种力争上游、昂然奋进的精神激励。

◆ **海洋鱼（三）**　　　　　　◆ **海洋鱼（四）**

沈延祥2001年作　　　　　　沈延祥2001年作

邵黎阳：木刻技法出神入化

邵黎阳创作的三张动物藏书票，采用铜版干刻技法或木刻水印技法。其中《刘绪源藏书》，刻画了一只猫头鹰展翅飞翔的画面，画面定格在月光之中，水波之上，柳丝之间。猫头鹰双翅气势磅礴，已触及画面的边缘，它的眼睛犀利尖锐，直击人心。画面以纤细的短弧线密集勾勒，通过线条的疏密表现水波光影，画面充盈着一种柔和的灵性。

《铃木爱书》采用邵黎阳擅长的木刻水印技法。礁石采用浓重的黑色，水的旋流线条采用淡淡的蓝色，两只鸟置于黑色礁石和淡蓝水波背景之中，分别采用阴刻和阳刻，呈现错落对应的美感。这张藏书票的票幅并不大，但小巧玲珑，以小见大，显示了邵黎阳高超的构图功力和娴熟的木刻技法。

◆ **刘绪源藏书**　　　　　　　◆ **铃木爱书**

邵黎阳2017年作　　　　　　　邵黎阳作

《大漠健儿·克勤长寿》藏书票刻画了一群鸵鸟奔跑的身影，每一只鸵鸟的姿态都不相同。邵黎阳以淡淡的灰色，很好地营造出鸵鸟奔跑时的模糊迷离，犹如照相机延长曝光时间，有意使鸵鸟在慢镜头中虚化，富有动感。上端密集的灰色横向流线，地上的横向流线和墨色，恰到好处地加强了鸵鸟的动感虚幻之美。

顶部刻写"大漠健儿""克勤长寿"点明主题。这是一张为张克勤生日贺寿创作的藏书票。张克勤是上海著名藏书票艺术家，他和邵黎阳一样，都是军人出身，他是邵黎阳任副会长时上海版画会的得力干将，任展览工作部副主任，也是藏书票高产艺术家，所以邵黎阳以此藏书票赞赏他是"大漠健儿"。

邵黎阳创作这张藏书票时，张克勤病重开刀，住在医院卧床不起。邵黎阳以"克勤长寿""克勤仙寿"祝寿，以示鼓励，祝愿他早日康复，可见两位军人出身的艺术家战友情深。

◆ 大漠健儿·克勤长寿

邵黎阳2015年作

宋恩厚：洒脱飘逸

宋恩厚的《凤》藏书票的画面乍看起来像一朵花，花绽放成一只凤凰，富有装饰韵味。

《凤和双鱼》刻画的是两条鱼围绕一只凤凰飘游，顶着长冠的凤独步起舞，既写实又虚拟，仿佛神话寓言。宋恩厚的这组动物藏书票线条潇洒飘逸，形象鲜明。

◆ 凤　　　　　　　　　　　◆ 凤和双鱼

宋恩厚1996年作　　　　　　宋恩厚1998年作

丁立松：匠心妙思

《立松书票》藏书票表现了仙鹤和鱼的关系，两条鱼对称地置于圆形图中，一只仙鹤正在匆匆赶路。

中国是鹤之故乡，自古就有养鹤、尚鹤、爱鹤之风。早在《诗经》中就有"鹤鸣九皋，声闻于天"的诗句。在《春秋左传》中，有懿公好鹤的故事：懿公每次出行都要将自己养的鹤放在车前，封它们为"鹤将军"，以至于迷鹤亡国。

春秋时音乐家师旷奏琴，鹤群列队成行，延颈而鸣。《方舆胜览》记载，晋初名将羊祐镇守荆州时，见江陵泽中多鹤，叫人捉来驯养娱乐宾客，于是江陵得名鹤泽……更有"梅妻鹤子"的宋代诗人林逋可称得上是爱鹤的极致。

藏书票中的仙鹤显得清高而劲健，画家把鹤行走的姿态刻画得惟妙惟肖。

◆ 立松书票

丁立松1990年作

《和平鸽》藏书票中的鸽子口衔一根橄榄枝，寓意和平、平安。和平鸽下面是一个外国人的名字，表明这是一张为外国友人创作的藏书票，因此构图借鉴了西方徽章藏书票图样。

画面采用圆形构图，地球是圆的，地球外围是黑白两个圆形。黑色圆形下方阴刻票主名字，白色圆形间刻写四个藏书票拉丁文字母，表示五湖四海不同国家的人们和平共处，天下藏书票艺术家都是一家人。下面黑色横幅阴刻"珍藏"二字，中间是三只手握在一起，突出了友谊无国界的主题。

这张黑白藏书票构图看似中规中矩，实则严谨中体现了作者的匠心妙思。

◆ 和平鸽

丁立松1995年作

　　两张《元康藏书》藏书票，风格清新，刻画的是一只鹿的侧影居中，一女子在鹿后翩翩起舞。两张藏书票画幅都不大，小巧玲珑，线条简洁，格调高雅，或淡或浓的背景色，将动物和人物衬托得赏心悦目。

◆ 元康藏书（一）　　　　　◆ 元康藏书（二）

丁立松1995年作　　　　　丁立松1995年作

丁金胜：生动自然

　　2015年，丁金胜创作的《淳子藏》和《文殊藏》藏书票都是表现猫的，或以特写刻画猫的面部，或刻画猫和鱼的对应，水印木刻技法，既有具象的表现力，又富有写意韵味，将猫的神情和姿态描绘得栩栩如生。尤其是猫那宝石般的黄色眼睛、飞扬的胡须，令人过目难忘。

◆ 淳子藏　　　　　　　　　◆ 文殊藏

丁金胜2015年作　　　　　　丁金胜2015年作

《秋月》《陈村珍藏》《何晋书》《金胜藏》四张藏书票中，动物都很小，动物生活的环境场面很大，表现了动物和大自然的和谐生态。

前两张表现黑熊的藏书票，一张刻画的是黑熊在夕照河边的剪影，河水的波纹以木纹表现，树的倒影和光波浑然一体；一张刻画的是黑熊在粗壮的古树下的剪影，树枝挂满红果，表现出秋天果实成熟的景象。两张藏书票上的黑熊成双成对，嬉戏玩耍，相亲相爱，富有情趣。

后两张藏书票刻画的是梅花鹿在东北森林中的画面，森林中都有一座亮着灯光的小木屋，炊烟缭绕。大雪飘飘，两只小鹿站在雪地上一定很冷，它们望着温馨的小木屋，踟蹰复踟蹰。丁金胜生动表现了雪景中的动物与大自然和人类的关系，画面充满对动物的怜爱之情。

《荷塘青蛙》藏书票诗意盎然。画家以俯视的视角，活灵活现地刻画了青蛙在水中游弋的姿态。荷叶的墨色晕染，荷花的艳红绽放，远处水波的木纹处理，宫扇形构图，都使得画面雅致而生机勃勃。

◆ 秋月　　　　　　　　　　　　　◆ 陈村珍藏

丁金胜2013年作　　　　　　　　丁金胜2016年作

◆ **何晋书**　　　　　　　　◆ **金胜藏**

丁金胜2015年作　　　　　　丁金胜2016年作

◆ 荷塘青蛙

丁金胜2018年作

《金胜藏书》和《志国藏书》是两张表现鸟儿和树林的藏书票。《金胜藏书》中的鸟儿仰头向上，《志国藏书》中的鸟儿栖息树枝之上。艳阳高照，树干苗壮，鸟儿和树木都充满了昂扬的生命活力。在丁金胜的藏书票中，我们听到了一曲曲关于大自然的颂歌、诗意的吟唱。

◆ 金胜藏书　　　　　　　　　　◆ 志国藏书

丁金胜2000年作　　　　　　　丁金胜2010年作

　　丁金胜的《鹰》藏书票汲取了北美洲19世纪"鹰洋"银币图案元素。"鹰洋"银币在19世纪到20世纪初曾在我国多地流通。

　　藏书票上的鹰图，既有中国汉代瓦当的韵味，又有西方鹰洋的造型，背景是中国古代汉简，下部是英文，这是一张中西合璧、东方和西方文化交融的藏书票。

◆ 鹰

丁金胜1999年作

叶枝新：动感十足

　　《鹿》藏书票描绘了一只长颈鹿，置身于绿色灌木丛中。灌木丛的刻画丰富而细腻，一丝丝一缕缕的线条繁密而精致，烘托出长颈鹿生活的生态环境。画面色彩淡雅而清新，写实而唯美。

　　叶枝新的动物藏书票较多，他将动物置于最具典型性的环境中，善于抓住动物的动感瞬间，以严谨的写实手法将动物刻画得栩栩如生，表现出老版画家炉火纯青的木刻技法。

◆ 鹿　　　　　　◆ 枝新藏书（一）

叶枝新2017年作　　　　　　　　　　叶枝新2004年作

◆ 枝新藏书（二）

叶枝新1997年作

◆ 大象　　　　　　　　　　　　　◆ 骆驼

叶枝新2004年作　　　　　　　　　叶枝新2013年作

董其中：张力充盈

行走的毛驴和坐在毛驴上读书的读书郎，在浑然不觉中已经完成"读万卷书行万里路"的旅程。

毛驴睁着大大的眼睛，充满好奇和探索。读书人读得痴迷，物我两忘。

画面动中有静，静中有动，富有盎然的生活情趣。

粗壮的字体布满小小的画面，加上一些装饰性的星星点点，使画面有了充盈丰富的张力。

《读万卷书行万里路·董其中藏书》于1995年获中国藏书票"龙·书"专题展金奖，在《人民日报》等报刊上发表。

毛驴是董其中喜爱的题材，《董其中书票》中的毛驴温驯善良、憨厚可爱，艺术表现生动有力，风格舒展大气。

◆ 读万卷书行万里路·
　　董其中藏书

◆ 董其中书票

董其中1995年作　　　　　　董其中1995年作

驴的形象也许不是很美。

驴常欺生，陌生人骑在驴背上，它故意沿墙走，身子不住地往墙上碰擦。要它左拐却偏向右拐，要它向右它偏向左走，越打越犟，于是便有"犟驴"一说。驴的叫声也不怎么悦耳。

然而，就是被一些人认为长得不美、又蠢又犟的毛驴，却偏偏是董其中喜欢表现的题材。《读万卷书行万里路·董其中藏书》《董其中藏书（一）》藏书票以单纯、明快的艺术手法，表现了小毛驴的憨态可掬、活泼可爱，富有民族性和装饰感。

《董其中藏书（二）》中的飞鸟巧妙利用点、线、面，浑厚大气，给人深刻的视觉印象。

董其中的藏书票作品饱含大众感情，具有浑厚、纯朴、豪放的风格，特别是黑白木刻，善于运用简洁洗练、刚劲有力的艺术手法，乡土气息扑面而来，生机和生趣跃然纸上。

◆ 董其中藏书（一）　　　　◆ 董其中藏书（二）

董其中1984年作　　　　　　董其中作

邵克萍：蝶之舞

一只彩色蝴蝶在几朵红花前飞舞，蝴蝶的翅膀绚丽。蝴蝶为大众喜爱，因此藏书票被称为"书中蝴蝶"。

《弗闲斋藏书》是邵克萍在2004年为上海弗闲斋藏书票社创作的一张藏书票。彼时，上海藏书票艺术家王嵘刚刚创办弗闲斋，这是中国第一家专门推广、传播、交流和销售藏书票的艺术机构。同在上海的艺术家邵克萍为其创作这张藏书票，表现了老艺术家对弗闲斋藏书票事业的鼓励和支持。

◆ **弗闲斋（藏书）**

邵克萍2004年作

莫测：意境开阔

    《骆驼》藏书票刻画的是两只骆驼行走在沙漠绿洲，骆驼主人尾随其后的画面。《梅花鹿》刻画了两只梅花鹿行走在密林间，探头探脑，一步三回头。骆驼和梅花鹿占据的画面很小，但这并未影响作者对其个性特点的呈现，表现了老版画家精准赋形传神写照的深厚功力。

    莫测将动物置于广阔的生态环境中，对背景的刻画花费了更多精力，以朴实的笔法、真诚的情感，赋予作品开阔的意境，无论远观还是近瞧，都百看不厌。

◆ 骆驼　　　　　　　　　　　◆ 梅花鹿

莫测2002年作　　　　　　　　　莫测2002年作

贾茹：简洁平实

　　深圳教师贾茹创作的《贾茹书票》，以简洁、平实的刀法，表现了一对正在嬉戏的熊猫的顽皮和欢乐。在构图上采用邮票齿孔边纹，使人不禁联想到著名的熊猫邮票。

◆ **贾茹书票**

贾茹1998年作

聂雁龙：绝版套色的魅力

　　聂雁龙创作的三张动物题材藏书票，全部采用绝版套色木刻技法。《雁龙珍藏·狮王》采取阴刻手法，不见狮子全身，只取头部特写，深蓝色的底色衬托出暗夜中月光下狮子的威严，这威严中透出王者气概。

　　《冬日恋歌》藏书票中两只对颈相望的白天鹅含情脉脉，情意绵绵。水波的倒影、白雪近景的营造，黑白对比鲜明，令人赏心悦目。

◆ 雁龙珍藏·狮王　　　　　　　　　◆ 冬日恋歌

聂雁龙2017年作　　　　　　　　　聂雁龙2018年作

　　《雁龙藏书》刻画的是一群海鱼如导弹，如利箭般向前游的动感，前黑后白，后面白色中夹杂几根灰色流线，表现出了鱼儿游动的速度感。力度、速度、黑白间的灰度，给人视觉冲击力的同时，十分耐看，富有隽永的艺术魅力。

◆ **雁龙藏书**

聂雁龙2013年作

许汝良：相映成趣

　　《伟成珍藏》藏书票表现金色的鱼和银色的鱼交相环绕，似相拥呢喃，情意绵绵，又如生离死别，生死相依。它们柔情缱绻的模样，憨态可掬，却又让人莫名感动。

　　蓝色的底色如大海，鱼儿如海中的精灵。

　　双鱼环绕图还是八卦图，凝聚着中国传统文化圆的哲学，以及在同一个圆上起点就是终点的生生不息、循环往复的哲理韵味。

　　春天来了，大地复苏，柳枝抽出了新芽，天地一片绿色，几只小鸟在柳枝上欢快玩耍，许汝良的《春韵》藏书票中的鸟儿生动传神，画面清新，技法老到。

◆ 伟成珍藏　　　　　　　　　◆ 春韵

许汝良作　　　　　　　　　　许汝良作

许英武：形神兼备

　　许英武的这组藏书票上的动物都是骆驼，从负重行进，到穿越风雪，途中小憩，再到搭建帐篷毡房，似乎可连缀成为一组"转场"连环画，可题名"骆驼的行旅"。

　　马背上的民族逐水草而居，年复一年地"转场"，从"冬窝子"到"夏牧场"，哈萨克族的放牧生活独特而充满诗意，当然还有艰辛。许英武为之感动，创作了多幅"转场"藏书票。

　　骆驼行旅是丝绸之路代表性风景，骆驼是新疆常见的动物，它忍辱负重，吃苦耐劳，是戈壁滩上人类的好伙伴、好助手，被誉为"沙漠之舟"。因此，很多画家都喜欢表现骆驼，吴作人、黄胄、刘大为等名家笔下的骆驼皆成经典。

　　许英武的骆驼藏书票，将动物与人融为一体，将动物置于生活化场景，表现了人与动物最密切的关系。小小画幅，虽不能和大家的大画相比，但小画幅具备了大画幅的要素，亦呈现出大格局、大气象。人物和动物形神兼备，富有浓郁的西域风情。其中《陆永寿之书（一）》于2012年获第34届国际藏书票双年展提名奖。

◆ **陆永寿之书（一）**　　　　　　　◆ **光新藏书**

许英武2010年作　　　　　　　许英武1998年作

中外藏书票艺术家都注重藏书票的文化雅趣，多表现读书生活，作家肖像、文化名人、风景名胜、名著经典、戏剧艺术、儿童生活、飞禽走兽、植物花卉、古典趣味……闲情逸致是与书结缘的藏书票的本性决定的，这些题材也很美好，只不过贴近当代现实生活的题材相对较少。所以，在大家采用相同或类似题材的趋同氛围中，许英武贴近生活、关注现实生活、表现新疆少数民族生活的藏书票令人耳目一新，带来了一股清新的西北风。

这风儿是温馨的，也带着强悍；是深情的，更充满刚劲之力。

有作为的艺术家都在作多方面的创新和尝试，从西方现代艺术，到后现代艺术，直至如今各种新潮、前卫、先锋的艺术，我们苦苦探求，寻找突破。然而，同一个圆上，起点即终点，在伤痕累累中蓦然回首。许英武的藏书票恰如漫长跋涉后的返璞归真，返老还童后的大巧若拙，绚丽灿烂后的平实朴素。

无招胜有招。扎根生活沃土，才能源于生活而高于生活。简单的规律，质朴的真理。这些藏书票再次凸显了现实主义的穿透力，这是许英武的藏书票给我们的启示，不仅是对藏书票界，对当今整个美术界亦如是。

◆ 英彦藏书　　　　　　　　　◆ 周永良藏

許英武2000年作　　　　　　　許英武2001年作

◆ **于江藏书**　　　　　　　　　　◆ **赵丙申藏**

许英武2008年作　　　　　　　　许英武2014年作

◆ 陈健之书　　　　　　　　◆ 任重道远

许英武2018年作　　　　　　许英武2018年作

《陆永寿之书（二）》是许英武创作的马题材藏书票代表作之一。骏马如排山倒海般奔腾而来，仿佛可听到战鼓般的嘚嘚马蹄声，套马的汉子骑在一匹骏马上，奋力扔出套马索……这张藏书票与许英武的诸多生活小品不同，他的生活小品大多悠闲而适意，如果用一个字概括，就是"慢"——慢生活，慢节奏，慢速度，或许，这正是西北新疆的魅力。在现代都市快节奏的时代，许英武敏锐地捕捉到了慢画面，一张张藏书票仿佛一个个慢镜头，次第展示出慢之美。

而这张藏书票恰恰相反，表现的是快之美，呈现的是力之美、速度之美、雄浑之美。

票主陆永寿是上海的一位收藏家，藏书票收藏颇丰。许英武构思这张藏书票时，想必颇费了一番心思。收藏家犹如套马的汉子，需要在收藏实践中练就硬本领（知识、审美眼光、鉴赏品位、文化素养的积累），才能套到头马（龙头品种、珍品）。对此，收藏家甘苦自知。

藏书票上甩出的套马索，稳、准、狠、快，只有经过成功与失败历练的收藏家，才能目光如炬，手到擒来。这正是《陆永寿之书（二）》的巧思妙构之处。

◆ 陆永寿之书（二）

许英武2003年作

《付全藏书》藏书票刻画的是两位裕固族年轻骑手骑在马上并肩而行的场景。骑白马者是一位小伙，骑黑马者是一位姑娘，他们身着少数民族服装，似是一对恋人。姑娘侧身对小伙讲述着什么，是知心的话儿，抑或是生活中的趣事；小伙端坐于马上，气宇轩昂，又不失文雅。

许英武是刻画人物表情的高手，他不在乎细致地写实，而注重人物动作和神态的传神，动作和神态的传神已十分不易，超越于此的，是情感、心理的呼之欲出，跃然纸上。寥寥数笔，甚至并未使用多么细微的线条，看似粗疏的、不经意的刻画，就将观众带到了特定的环境氛围，使其不知不觉走进画中人物的世界。

不仅人物活灵活现，画中的马也是有生命有性格的。小伙的白马端庄凝重，气定神闲，显得稳重；姑娘的黑马活泼主动，似乎总想往前蹿，被姑娘轻轻提绳控制着。

姑娘爱上心上人时，作家常常描写"心中有只小鹿乱撞"。这张藏书票画面里的不是小鹿，而是两匹马。

马的动势代表姑娘跃动的心，轻轻提绳，其实心理上还是矜持的。马的凝重代表小伙的矜持，端坐其上，恐怕心里早已被柔情融化。

这是许英武为票主钟付全创作的一张藏书票，钟付全是一位裕固族收藏家，这也是许英武创作的唯一一张表现裕固族人生活的藏书票。

◆ 付全藏书

许英武2013年作

《陈健藏书》中，富有浓郁新疆特色的放牧小曲再次荡起，这次不是牧马牧羊，而是牧牛。

高高耸立的木门栏下，一群牛缓缓走出牛栏，朝阳在它们身上镀上一层金光，牧牛男子骑在一匹骏马上，在牛群的身后手持牧鞭摇晃着，驱赶着牛群走向牧场。

这张藏书票的典型环境是高高耸立的木门栏，后侧面还有一个小门，两道门栏，拉开了透视空间，使画面具有纵深感。

画家采取俯视的角度，更好地表现了牛群走出的整体效果，门栏下的台阶一级级地呈现出来，高低错落，层层递进，画面富有层次感和审美张力。

这是许英武于2013年为厦门藏书票鉴藏家陈健创作的一张书票，陈健是中国美术家协会藏书票研究会常务理事、《中国藏书票》主编。

◆ 陈健藏书

许英武2013年作

都是放牧，都是牧人以一对群，与《陆永寿之书（二）》中的群马相比，《王海英藏书》中的羊群显得温驯而恬静。凌厉飞扬的套马索，变成了温柔低垂的牧羊鞭；剽悍的套马汉子，变成了温和的牧羊女。两张藏书票的画面处理截然不同，一张是迎面奔驰呼啸而来的马群，一张是远去的羊群的背影和牧羊女的柔情背影。

陈健对许英武的藏书票情有独钟并有深入研究，他评论许英武："在他的书票中，新疆人民和快乐最接近，他们欢畅地喝着葡萄美酒，他们与智慧抵掌而歌。许先生不是仅陶醉于田园牧歌式的情调，他要表现生活中泛溢出的自然之美，表现人与万物的精神张力。他以多情之眼凝视现实世界，一切平凡之物也显得万般风情：早起的牧女、逶行的驼队、刀郎嘶哑地歌唱、襁褓中婴儿的甜美温馨……一切最平易的人和事，经过他的艺术加工，都变得那么和悦动人，形神俱备。这是生活的艺术，也是平易近人的艺术，唯其鲜活，故有情致；唯其平易，故能动人。"

新疆被誉为诗人的王国、画家的宝库，这片神奇的土地似乎对许英武特别厚爱，给予了他取之不尽用之不竭的创作素材和灵感。他似乎是带着一颗感恩之心，拼命地要将自己最美的一面和最好的艺术奉献和反馈给新疆。

◆ **王海英藏书**

许英武2002年作

赵志方：花鸟虫的情趣

赵志方的《西羊之书》藏书票刻画了一只笼中飞鸟，表现了文学艺术和哲学永恒的主题——让生命自由放飞，即对自由的渴望和对牢笼的突破，表现技法上老到、生动、传神。这张藏书票获得多个国内国际大奖。

赵志方在给笔者的来信中专门谈及这张书票。他说，现在的这张书票是在获奖的那张基础上的修改稿。原稿图中的鸟是垂直的，有一个国外艺术家看到后，对赵志方建议说：鸟起飞，站在鸟笼一边的时候，鸟笼应有所倾斜。

这更接近生活的真实。赵志方采用了这一建议，于是有了这张修改稿。

老艺术家谦逊的人格和在艺术上的精益求精精神令人感动，这也正是他们能够在艺术上不断取得创新成就的原因之一。显然，这张修改后的书票比获奖稿在艺术上更生动。

◆ **西羊之书**

赵志方作

　　与鸟笼题材类似的藏书票，还有为侯勇创作的一幅关于鸟的藏书票《侯勇藏书》，表现一群鸟在古树枯藤上与古树共同生存的和谐画面，是大自然中的原生态状况，是真正的自由生存。

　　《金台书屋》藏书票表现了一对林莺目光和喙相对，从它们私语呢喃的姿态，可见其含情脉脉、两情相悦。背景中丰收的玉米和一串红花使画面饱满而充实。

◆ 侯勇藏书　　　　　　　　◆ 金台书屋

赵志方1999年作　　　　　　赵志方作

赵志方的《鹭和鱼》藏书票中，两只白鹭静静地伫立水边，群鱼在脚下遨游。表现了白鹭和鱼在大自然中和谐相处的情景。

《齐秋藏书》藏书票中，赵志方吸取宋人花鸟画的精华，表现了鸟儿在花丛中觅食的情态，圆圆的构图，寓意花好月圆、祥和美满。

◆ 鹭和鱼   ◆ 齐秋藏书

赵志方2001年作   赵志方作

赵志方创作的《西羊书》藏书票借鉴民间布艺、泥塑等艺术手法，带有装饰性的彩色花纹赏心悦目，有浓郁的民族文化特色，富有独到而隽永的艺术魅力。

◆ **西羊书**

赵志方作

赵志方的花鸟虫藏书票作品，多从小处着眼，发掘盎然的情趣。如他创作的《花鸟》《贺大连日报创刊五十周年》《金台苑书屋》《金台书屋》这几张花鸟虫藏书票，花与鸟虫争奇斗艳，春意浓郁，柔美中有一种康健之气，表现了画家积极热情的生活态度。

赵志方以他擅长的版画和国画为基础，在藏书票的创作中，注重单线阳刻，多为木版水印，每一张藏书票都构图优雅，刀法刚劲，技法老到，有大家气象。他将花鸟虫融入植物，融入欣欣向荣的大自然。因此，他的藏书票被人们称为水印套色的花鸟虫版画，有艺评家朋友干脆称他的藏书票是国画小品。

赵志方对中国传统的审美情趣比较偏爱，在他的藏书票作品中，我们能感受到一种深厚的文化底蕴。这些藏书票古色古香，特别适合与线装的古籍孤本相伴而眠，散发出一股清幽之气。

◆ 花鸟　◆ 贺大连日报创刊五十周年

赵志方作　　　　　　　　　　　　赵志方作

◆ 金台苑书屋

赵志方2001年作

莺争暖树燕啄泥：灵性动物

◆ 金台书屋

赵志方1995年作

力群：永恒的无声歌唱

身子在黑暗里，通体透明；头颅在光影中，憧憬光明。

像花一样静静地绽放在枝头，端庄、静穆、明媚、苗壮。

在光和影的时空隧道里，在树枝和羽毛的光影变奏中，我们可以听到一种美丽的声音——听到它永恒的无声的歌唱。

◆ 小鸟

力群1988年作

张嵩祖：啄木鸟和蛋

张嵩祖创作的《白桦藏书（一）》，表现了一只孤独的啄木鸟略带忧伤的沉思神态。

啄木鸟以有一张尖锐的嘴而闻名，它的嘴像锥子一样锐利，可以在树上啄出一个个小洞。它一边爬树，一边用嘴敲叩树干，通过敲击的声音，它可以听出害虫在哪里，然后啄出一个小洞，用细长的舌头将虫子钩出来吃掉。

啄木鸟因啄食害虫对人类立有大功，被称为"森林医生"，受到人类的喜爱。张嵩祖以啄木鸟比喻诗人白桦，是对诗人人格的高度评价。

张嵩祖为白桦创作的《白桦藏书（二）》藏书票上，没有白桦树，也没有白桦的肖像和形象，而描绘了一个鸟窝中的两个蛋，寓意诗人酝酿写诗如鸟儿生蛋，需要经过长期积累、艰苦努力，才能取得丰硕成果。

鸟窝和蛋，如此简单的题材，在张嵩祖的刀下变得如此不简单。鸟窝一根根草的线条，在老版画家的刀下变得干净利落，富有层次和韵律感。高超的艺术家总是能化腐朽为神奇，总是能变魔术般地将平凡变为不凡。

◆ 白桦藏书（一）　　　　　◆ 白桦藏书（二）

张嵩祖1995年作　　　　　张嵩祖1995年作

张家瑞：简洁生动

创作"猫头鹰"系列藏书票，张家瑞"蓄谋已久"。早在笔者写作《中国当代藏书票25家》时，张家瑞就提到他正在进行一个大计划，到底是在创作什么、进行什么大计划呢？他秘而不宣，笑道："出来了你就知道了！"

《中国当代藏书票25家》出版之时，张家瑞的这套《益鸟·智慧之鸟藏书票手拓本》也终于面世，共有16张猫头鹰藏书票，从不同角度展现了猫头鹰的不同形状面貌。本书因篇幅限制，选录其中两张。

张家瑞钟情猫头鹰是有渊源的，很早以前，他就创作了多张猫头鹰藏书票，他为老友黄永玉创作过猫头鹰藏书票。或许，黄永玉喜欢猫头鹰题材对他早已产生了影响；或许，看到西方大量猫头鹰藏书票触发了他的创作灵感。笔者曾问张家瑞到底是什么触发了他创作猫头鹰藏书票，他说猫头鹰在西方是智慧之鸟，无论是东方，还是西方，猫头鹰文化源远流长。

早在商代，猫头鹰就是人们喜爱和崇拜的一种神圣的鸟。商代人称猫头鹰为"鸮"，当时被推崇为"战神鸟"，是克敌制胜的象征；"鸮"也是地位和权力的象征；商人神话"天命玄鸟，降而生商"中的"玄鸟"，很可能就是商人祖先神鸮的化身。在商代及商之前石器、陶器、青铜器中都能见到精美的鸮形工艺品，如藏于中国国家博物馆的"商妇好青铜鸮尊"等。在商代的青铜礼器当中，出现得最多的鸟，就是"鸮"。

在张家瑞的"猫头鹰"系列藏书票上，可以看到商代青铜器上"鸮"的影子。如有些猫头鹰锐利的嘴巴、狞厉的面部、粗壮的腿足、奇特的纹饰等，这些有意识的夸张，强调了鸮的形象特征和威慑力。

周代商之后，猫头鹰从商代的图腾，渐渐变成了丑恶的不祥之鸟。《诗经·豳风·鸱鸮》中说："鸱鸮鸱鸮，既取我子，无毁我室。"周对鸱鸮是贬低的。

到汉代，猫头鹰仍是不祥之鸟。西汉贾谊《吊屈原赋》这样写道："呜呼哀哉，逢时不祥。鸾凤伏窜兮，鸱枭翱翔。"猫头鹰还被莫名加上了"食母"的恶名。东汉许慎在《说文解字》中记载："枭食母，不孝鸟也。"

而在西方文化中，对于猫头鹰的崇拜始终不衰。早在希腊神话中，代表智慧、理性与公平的雅典娜，她的爱鸟就是猫头鹰。

西方人将猫头鹰视为智慧、聪明的象征。他们认为，猫头鹰可以在夜间捕猎，猫头鹰在黑暗中能看清真相，安静而不聒噪，有敏锐的洞察力，在混乱中可以理清思维，这正是猫头鹰被视为智慧象征的原因。

西方藏书票艺术家创作了大量猫头鹰的形象。约1900

年，西班牙藏书票艺术家J. Guardia创作了线刻版猫头鹰藏书票；1902年，德国艺术家E. Heermann创作了猫头鹰藏书票；此后，西班牙作者Jose Triado约在1910年也创作了线刻版猫头鹰藏书票；1938年，美国藏书票黄金时期艺术家詹姆森（John W. Jameson）创作了铜版藏书票《牧神与猫头鹰》；1940年，匈牙利藏书票艺术家A. Nagy创作了木版猫头鹰藏书票。

张家瑞的猫头鹰藏书票借鉴中外有关猫头鹰艺术品的图形，又有新的创造。图画的造型，表现了画家对猫头鹰细致的观察和研究，符合猫头鹰的特征：喙短而粗壮，前端成钩状，头部宽大，脸部正面的羽毛排列成面盘，有的有耳状羽毛。双目的分布、面盘和耳羽使这种鸟具有猫的特征。

张家瑞创作的猫头鹰不仅有粗壮健硕的双足和劲挺的尾为支足，更注重表现圆睁的双眼，喙部有力呈钩状，威武雄壮，双翅后收，造成一种向前的动势，笔画细密而结构简洁，使这些猫头鹰或威风凛凛、气势逼人，或生机勃勃、富有睿智。

◆ 猫头鹰（一）　　　　◆ 猫头鹰（二）

张家瑞2018年作　　　　张家瑞2018年作

张家瑞创作的《海底世界》《三鱼行》藏书票，都是表现海洋世界的生物，色彩协调，风格统一，令人赏心悦目。

◆ **海底世界**   ◆ **三鱼行**

张家瑞2003年作   张家瑞2003年作

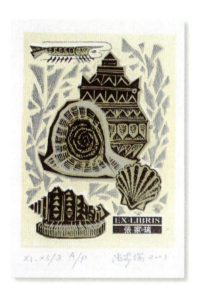 

张莺懿：线条泼辣、赋形准确

张莺懿创作的四张动物藏书票分别采取黑白木刻、水印套色木刻和铜版画技法制作，表现了她版画技法上多方面的探索和艺术才华，技法娴熟，游刃有余。

《莺懿藏书》和《醉山居有鱼图》藏书票都是刻画鱼的，粗犷豪放，线条明确，令人想到唐代诗人张志和《渔歌子》中的名句"桃花流水鳜鱼肥"。

◆ 莺懿藏书　　　　　　◆ 醉山居有鱼图

张莺懿1998年作　　　　　　张莺懿1998年作

《猫头鹰》藏书票，表现了猫头鹰在黑暗中明亮的眼睛，睁一只眼闭一只眼，使静穆的猫头鹰活灵活现地呈现在我们眼前。天上的月牙，表明了猫头鹰是黑夜中活动的鸟类。右下的葫芦瓶，为画面增添了吉祥意味。

张莺懿的《青蛙》藏书票也是采用她擅长的黑白木刻技法，刀法果断深峻，风格洗练洁净，表现有力。

张莺懿的动物藏书票各呈风姿，都具有她独特的艺术风格：构图简洁，言简义丰；线条泼辣，赋形准确。

◆ **猫头鹰**　　　　　　　　　◆ **青蛙**

张莺懿1999年作　　　　　　张莺懿1995年作

赵奎礼：黑白构图的魅力

赵奎礼创作的《猫头鹰》藏书票笔墨简洁，寥寥数笔，准确勾勒出猫头鹰的轮廓，双目炯炯有神。猫头鹰的双眼比人类感受弱光的能力强100倍，因为它的视网膜是由圆柱细胞组成的。

《啄木鸟》和其他艺术家一样，以几乎同样的构图，表现了啄木鸟在树上啄木的情景。不同的是，赵奎礼采取剪纸等民间工艺造型，技法是纸版漏印，简单的黑白构图依然魅力十足。

◆ 猫头鹰   ## ◆ 啄木鸟

赵奎礼1998年作   赵奎礼1998年作

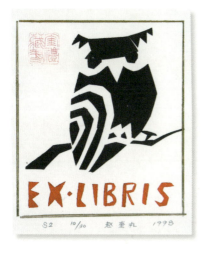

董邯：平和老到

　　董邯的珍禽系列藏书票表现当代生态环保主题，刀法
细密，色彩深沉和谐，主题突出，表现传神，呈现平和老
到的艺术功力。

◆ 叶上飞鸟　　　　　　　　◆ 水波上的鸟

董邯作　　　　　　　　　　董邯作

邵明江：方寸之间天地宽

木版画的根在中国，木版基金会却在西方。东方和西方远隔大洋，遥远的空间，似乎给邵明江带来了超越时空天马行空的想象，一切都可以飞起来，一切都在飞，飞鱼、飞人、飞燕、飞雁、飞鹤、飞书……飞过万水千山，飞到大洋彼岸。画家通过《木版基金会珍藏》藏书票画面诉说：艺术是没有国界的，艺术是世界各国人民友谊的纽带、相知相通的桥梁。

从左下角一本打开的厚书上写着"Xu Yan"可知，《雁斋藏本》是为南京书评家徐雁创作的一张藏书票。画的右上部还有一本书，置于向日葵般的圆形中，如太阳放射万道金光，光芒覆盖整个画面。

画面上植物枝叶茂盛，草长莺飞，杂花生树，蝴蝶飞舞，鸟儿在枝头栖息，或在天空飞翔，表现出书如阳光，普照大地，唤醒灵性，为万物注入生命活力。

画面正中的一只鸟，似大雁，又似孔雀、凤凰，贴合票主名字——徐雁、雁斋。这张藏书票构思巧妙，丰富的意象似乎信手拈来，笔走龙蛇，表现出作者高超的技法和随心所欲驾驭画面的能力。

◆ **木版基金会珍藏**　　　　　　　◆ **雁斋藏本**

邵明江2003年作　　　　　　　邵明江2002年作

《吾八书房（一）》是一张获得全国藏书票金奖的佳作，笔者曾看到过该作的彩色点染版。

圆形画面的上半部表现了旭日东升、瑞云翔集、鹤鸣九天的壮观景象。

吾八书房是日本一家著名书店，也是一家版画手工作坊，以复制经典和印制木版画精品闻名于世。

《靖庐藏书》的画面承袭了邵明江惯常采用的构图三部曲——天、地、水。画面下部是水，水面上帆影重重，鸥鸟翔集；水之上是大地群山巍峨；大地群山之上是天空云卷云舒，一只大雁展翅飞翔。

这只大雁显然是切合票主的名字雁雄中的一个雁字，画中将大雁表现得如展翅鲲鹏，扶摇直上，气度恢宏。这显然是一张高水准的藏书票。

说到这只大雁，还有故事。这张藏书票创作完成后，票主靖庐主人雁雄看到后，提出大雁都是成群成行的，如果只画一只大雁，岂不成了孤雁？

邵明江听罢，觉得很有道理，将一只大雁修改为一群大雁。所以这张藏书票有两个版本，此幅为初版本。虽是孤雁，但艺术是以一当十，滴水见太阳，孤雁也未尝不是佳作！

◆ **吾八书房（一）**　　　　　　◆ **靖庐藏书**

邵明江2003年作　　　　　　邵明江2007年作

邵明江创作了多幅鹤图藏书票，《四只鹤》《双鹤》是他的鹤藏书票代表作，皆轻盈柔美，秀雅灵性。说到鹤，还有一些关于鹤的故事。邵明江在黑龙江生活多年，大学期间在齐齐哈尔就读，而齐齐哈尔被称为鹤乡，摄影家喜欢到齐齐哈尔拍摄鹤的照片，画家到齐齐哈尔都是为了画鹤。就是在这样得天独厚的地理环境中，邵明江与鹤相处，以鹤为友，创作了大量以鹤为题材的作品，栩栩如生，神情毕现。

◆ **四只鹤**　　　　　　　　　　◆ **双鹤**

邵明江1988年作　　　　　　　　　邵明江1988年作

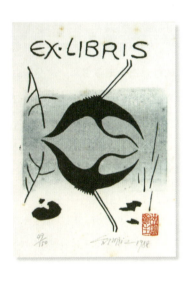

《冰云书屋》有邵明江所有藏书票作品的特点：饱含开阔情怀、构图严谨绵密、造型细腻柔美、制版古朴沉炼、印刷秀丽洒脱、画面明净素洁。他的藏书票每一张都精美细腻，犹如颗颗晶莹明丽的"版画珍珠"，魅力无穷，一直深受人们珍爱追捧，吸引着人们品味揣摩。

邵明江的套色木刻藏书票秀雅可人，但他创作得更多的是黑白木刻藏书票。这些黑白木刻他得心应手，信手拈来就成佳构，如《吾八书房（二）》藏书票，繁复精细，精益求精，融会了西班牙等欧洲国家的艺术风格。

◆ **冰云书屋**　　　　◆ **吾八书房（二）**

邵明江1987年作　　　　　邵明江2002年作

邵明江的《四虎图》藏书票有古代青铜器雕塑的形貌。作者精细刻画了四只黑色的环绕奔走的老虎，借鉴了古代艺术喜用环绕纹的方式，中间的红印隶书功力不凡，红色与黑色交相辉映，清雅脱俗。

邵明江不断探索，锐意创新，仔细研究他的藏书票，可以发现，不同时期他创作的藏书票在风格上并非一脉相承，而是不断变化，在变化中求突破，在变化中不断超越自己。如他最初创作的藏书票多是小画面、小动物，后来转到表现中国传统文化，第六届全国藏书票展获得金奖的作品就是以表现传统文化取胜的。

谈到藏书票创作，邵明江对笔者说："藏书票虽小，做规范的藏书票容易，但做好并不容易，方寸之间天地宽，我创作每一张藏书票，往往要在艺术上和思想上有想法，别人看着藏书票小，但要让人看后感受到技法的魅力，还要有所感悟。"

◆ 四虎图

邵明江1986年作

沈园富：成熟的造型

《振翅欲飞》和《猫与水母》藏书票采用木刻绝版技法创作，《牛》藏书票采用黑白麻胶版技法创作。

前两张彩色绝版藏书票构图严谨，其中《振翅欲飞》取树干的中段为前景，一只鸟从树枝上展翅飞翔，远景山峦起伏，云水迢迢。《猫与水母》是一张超现实主义作品，刻画的是一只猫蹲坐海底，水母在海水中游弋，珊瑚等在海底错落呈现。绝版藏书票色彩雅致，赏心悦目。

《牛》则注重对牛神态的刻画，还有背景植物的衬托，显示了作者成熟的版画造型能力。

◆ 振翅欲飞

沈园富2017年作

◆ 猫与水母

沈园富2017年作

◆ 牛

沈园富2017年作

张继友：突破空间

　　《继友藏书》和《继友书票》都是飞禽题材的藏书票，都采取扇形构图，富有宋人花鸟画的情怀。在小小扇面上安排画面不易，张继友的构图巧妙，在有限的空间突出了鸟的形象，更显画面的雅致。

◆ 继友藏书　　　　　　　　　　◆ 继友书票

张继友1999年作　　　　　　　　张继友1999年作

徐鸿兴：绚丽归于平淡

　　石上八哥、猫与蝶，都是美好的意象，作者刻画得一如既往地优美动人。这两张藏书票充满吉祥寓意，石上八哥寓意室上吉祥，猫与蝶寓意耄耋富贵，想必是对不同票主的美好祝福。

　　从水乡古镇石板桥到飞禽小品，徐鸿兴藏书票艺术简之又简，出神入化，渐渐进入绚丽归于平淡的境界。

◆ 李文祥的书　　　　　　　　◆ 阿磊藏书

徐鸿兴2012年作　　　　　　徐鸿兴作

孙玉洁：古朴多彩

孙玉洁于1999年创作的一套四枚"澳门回归纪念"藏书票，以艳丽而稳重的色彩，表现了回归之喜。这四枚书票的画面分别为双龙戏珠、凤舞、鹊上梅梢、双狮对舞，都是喜庆之物。

鹊上梅梢谐音寓意喜上眉梢，也叫喜鹊登枝，画梅花枝头站立两只喜鹊。

对梅花的爱赏，可以追溯至先秦。《诗经·小雅·四月》有"山有嘉卉，侯栗侯梅"。南朝刘宋时曾做过正平地方太守的陆凯，与著名的史学家范晔交情很深。陆凯从江南给当时在长安的范晔寄去梅花一枝，并附诗云："折花逢驿使，寄与陇头人。江南无所有，聊赠一枝春。"

古人以为鹊能报喜，故称喜鹊，两只喜鹊即双喜之意。梅与眉同音，借喜鹊登在梅花枝头，寓意喜上眉梢、双喜临门、喜报春先。

◆ 澳归纪念　　　　　　　◆ 喜庆澳门回归

孙玉洁1999年作　　　　　　　　孙玉洁1999年作

◆ 热烈祝贺99澳门回归

孙玉洁1999年作

◆ **澳门回归纪念**

孙玉洁1999年作

孙玉洁藏书票中的动物世界丰富多彩，有《丹凤朝阳》《金龟子》《蝴蝶和藏红花》《五毒图》……真是一个丰富精彩的野生动物园！

孙玉洁是一位探索型艺术家，坚定追求自己独特的艺术语言，冰裂纹版画藏书票是他独特的发明。他从瓷器裂纹中获得启发，多次用蛋壳试验，获得成功，被李平凡命名为"冰纹书票"，在日本展出引起轰动。

在《玉洁之书》《小连之书》藏书票中，孙玉洁创造性地采用破碎的蛋壳材料，营造出冰裂纹的效果，有一种古朴典雅的艺术魅力。《玉洁之书》《小连之书》是他的冰裂纹藏书票代表作。

◆ 丹凤朝阳　　　　　　　　　　　　　　　◆ 金龟子

孙玉洁1999年作　　　　　　　　　　　　　孙玉洁1991年作

◆ **蝴蝶和藏红花**　　　◆ **五毒图**

孙玉洁1991年作　　　孙玉洁1990年作

◆ **玉洁之书**　　　　　◆ **小连之书**

孙玉洁1992年作　　　　孙玉洁1990年作

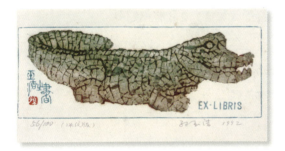

陈川：抽象中的景象

如同一道银色的月光，如同闪电，飞狐从一道道门，或许是一页页书、一道道屏风前，飞掠而过。

狐这种动物在全世界分布很广，欧洲、北美洲和中国都有栖居。它出没在森林、草原、丘陵和半沙漠地区，有时藏身在城郊和村庄附近。狐白天在树洞或地穴中睡觉，到晚上出来活动，眼睛的夜视能力很强，眼球有特殊的晶点，能把弱光集合反射，闪闪生光。《银狐》藏书票上银狐的眼睛体现了这一特点。

陈川的《银狐》藏书票作品抽象中有具象，既传统又现代，风格简洁优雅，艺术语言高度概括。

◆ 银狐

陈川1995年作

王晶猷：相依相伴的企鹅

王晶猷创作的一对企鹅相依相伴，相亲相爱，极地雪峰的背景突出了这种白头偕老、地老天荒的永恒爱情。

《企鹅》藏书票技法老到圆熟，富有表现力。

◆ **企鹅**

王晶猷1993年作

辛宝立：富有活力

　　《宝立藏书（一）》藏书票中富有生命活力的昆虫或爬行或斗架，生机勃发。《宝立藏书（二）》藏书票中的蜻蜓薄翼，让我们不禁联想到齐白石笔下的蜻蜓。

　　辛宝立的昆虫世界将我们带入一个鲜活的天地，细细观察另一个生物类群，可以忘忧，可以怡情。背景是有规则的线条，富有装饰效果。

◆ 宝立藏书（一）　　　　　◆ 宝立藏书（二）

辛宝立1998年作　　　　　　辛宝立1998年作

甘畅：简约平和

　　和平鸽是甘畅喜欢表现的题材，她在不同时期创作了多张和平鸽藏书票，每张构图都不相同。其中两张是方形构图，这两张的画面分别是一只展翅飞翔的鸽子和四只飞翔的鸽子。一张是随形构图，表现了一只飞翔的鸽子；一张是心形构图，画面上是两只并肩栖息对视的鸽子。相同的是，四张藏书票上都有绿色橄榄枝。

　　橄榄枝是和平鸽代表性标志。

　　2017年，甘畅创作了《甘畅的书·鸽子》藏书票。她用可爱的图案装饰，用艳丽的色彩打扮这只和平鸽，表达她对和平美好的向往。颜色上以少胜多，体现木版水彩水印的透明叠色效果。

　　甘畅刻画的鸽子藏书票，令人想到那些或悲伤或美好的故事，然而，宁馨祥和的画面，只让人感受到美和爱。

◆ **甘畅的书·鸽子**　　　◆ **甘畅藏书·鸽子**

甘畅2017年作　　　　　　甘畅2008年作

选取鸽子作为题材，因为小白鸽是美丽善良的象征，是爱的精灵、和平的使者，这些元素都在这几张藏书票中得到完美体现。其中两张是甘畅为女儿张天创作的藏书票，甘畅是带着慈母的挚爱而创作的。

两张票主为女儿张天的和平鸽藏书票创作于不同时间。2007年甘畅创作《张天藏书·鸽子》藏书票时，女儿张天在北京求学，藏书票上的这只单飞的鸽子，寄托着甘畅希望女儿自由飞翔又恋恋难舍的心情。画面上单只的鸽子并不显形单影只的孤独，因为伴随着鸽子的还有无数美好的东西：绿色的橄榄枝象征幸运和希望，红花象征幸福的祈愿，五角星象征美好梦幻，太阳象征光明前程，绿色的背景象征青春。

这张藏书票的神来之笔是鸽子身上的一根橄榄枝穿过一朵红花，令人联想到西方绘画中经常可见的丘比特之箭穿过一颗红心，那是爱情的象征。甘畅和张天之间的母女之爱，不适用丘比特之箭，而取橄榄枝和红花，含蓄又深情。

◆ 张天藏书·鸽子

甘畅2007年作

2012年创作的《张天的书》，画面上是两只相依相偎、含情脉脉的鸽子，橄榄枝和红花，代表对美好幸福婚姻生活的祝福，心形构图抒发的是心心相印、白头偕老的诗篇。

在这里，单飞的鸽子变成两只鸽子了。这一年，甘畅的女儿张天在美国读完博士并结婚，甘畅为女儿创作了这张双栖鸽藏书票，同时还创作了《张天的书·鸳鸯》藏书票和《情人鱼》藏书票，成双成对，以此祝贺女儿新婚。

从这组和平鸽藏书票的创作年代，可以看到甘畅藏书票艺术不断追求，不断探索、不断走向丰富多彩的轨迹。

◆ **张天的书**

甘畅2012年作

　　《甘畅藏书（一）》藏书票上，书的封面书名处安排一篆刻方印"甘畅藏书"，这既是书名，也是票主标志，巧妙而自然。一只蝴蝶翩翩飞来，蝴蝶是循花香而来的，所谓蝶恋花。古人说，书中自有黄金屋，这张藏书票则表明，书中自有花香，所谓书香门第，你若盛开，蝴蝶自来。如何盛开？腹有诗书气自华，读书才能使你心中的鲜花盛开。

　　书前有一只蜗牛，口衔一株三叶草，对着这本厚厚的大书顶礼膜拜。无须解读蜗牛的意图，富有谐趣的它，使这张藏书票变得更加生动。

　　《甘畅藏书（一）》和随后的《甘畅之书（一）》取材不同，表现的对象不同，一张是鸟，一张表现的是蜗牛和蝴蝶；票幅也不相同，有竖幅，也有横幅。这两张藏书票表现的都是自然界运动的生命和书的关系。

　　书是静态的，一张画全部表现静物似乎有些沉闷，而鸟、蝴蝶和蜗牛则打破了静态的沉闷，使画面静中有动，动中有静，动静相宜、相谐。在构图上，两张藏书票有异曲同工之妙。

◆ **甘畅藏书（一）**

甘畅2010年作

2012年创作的《甘畅之书（一）》藏书票表现的是两本竖立的书，一大一小，错落有致。大书的书脊上刻写"甘畅之书"，小书的书脊上刻写藏书票的拉丁文字母。鸟也是两只，一大一小，似为母子。小鸟停在大书上，使劲用喙欲打开书页，似要一窥书中究竟；大鸟喙足并用，在小书侧面攀缘而上，令人想到"书山有路勤为径"的古训。细细看来，大鸟尖尖的喙也在书封上啄，似要啄破封底，啄出一个洞来，一窥书中究竟。

书是人类文明的结晶，也是人类进步的阶梯，读书是人类的天性，也是人类的美德，这张藏书票上，表现鸟儿对书的渴望急切又执着，似想学人类也将书当成精神食粮。

鸟儿都要读书，况乎人类。这就是这张藏书票传递给我们的信念。

两枝绿叶，从书中斜逸而出，知识带给我们心灵的滋养，也为我们带来绿色的丰茂生命。

◆ 甘畅之书（一）

甘畅2012年作

谈到以海边拾贝为主题的这两张藏书票，甘畅对笔者说："青岛海边生活的人，漫步沙滩处处可见贝壳、海星，我在海边拾贝，亦愿在艺海拾贝。"

这两张藏书票一张画面上有太阳，另一张画面上有月亮，表现的内容非常简单——甘畅住在海边之城青岛，每次她在海边漫步，看到海滩上的贝壳，都会联想到艺海拾贝，所以，创作这张藏书票的想法也很直白。

但对于不同的读者，这两张藏书票的意蕴或许已超越了艺海拾贝的单纯意象，变得非常丰富，让我们想到河流和大海；想到日出日落、潮涨潮落；想到人生的起伏、岁月的流转、命运的轮回；想到童年生活……一切美好的记忆，不会因时光的流逝而消失。

◆ 甘畅的书　　　◆ 甘畅之书（二）

甘畅2013年作　　　甘畅2017年作

应是居住在青岛这座海边城市的原因，甘畅很喜欢表现海洋里的鱼，她创作了几组以海洋里的鱼类为题材的藏书票，这是其中的四张，创作于2000年、2010年和2012年。

这四张海洋鱼在取材构图和艺术形式上都有两个共同特点，一是在艺术形式上，其共同点是都借鉴了民间剪纸的形式，墨线线条使人一眼就想到民间剪纸和刻纸的线条效果，尤其是《甘畅藏书（二）》《甘畅藏书（三）》藏书票中鱼身的花纹和锯齿纹装饰，都是剪纸的处理技法；二是在取材构图上，其中三张藏书票都是表现两条鱼两两相对，既能拟人化表现鱼的动态情感，又使画面均衡协调，生动活泼。

◆ 甘畅藏书（二）　　　　　　　◆ 甘畅藏书（三）

甘畅2000年作　　　　　　　　甘畅2010年作

《张天之书（二）》藏书票，亦名《情人鱼》，刻画两条鱼张嘴相对似要亲吻，红色的心形图如它们呼出的气泡在水中飘浮上升，是它们气息相投、相亲相爱的见证。每条鱼身上还有两颗心，这张藏书票犹如一首爱心之诗。这是甘畅为女儿张天结婚创作的一张祝福藏书票，是一份深情的贺礼。

艺术有其自身的审美价值，读者不知道张天是谁，也不知道这是母亲为女儿的婚礼创作的藏书票，读者和观众只会根据画面欣赏和发掘其审美价值与意象，并根据自己的人生体验感悟或延伸艺术品的寓意。这张藏书票的色彩处理上，作者别具匠心，一边是红色，一边是绿色，令人想起一本名为《一半是火焰，一半是海水》的小说，冷色和暖色的对应，感性和理性的冲突，热烈与冷静的相融……在这张藏书票上，我们看到爱的哲学，由鱼类之爱，映射和反观人类之爱。

◆ 张天之书（一）　　◆ 张天之书（二）

甘畅2010年作　　甘畅2012年作

甘畅的藏书票看来都非常简单，然而细赏又颇具深意，背景和装饰的设置似乎漫不经心，信手拈来，其实很有讲究。这三张海洋鱼藏书票的背景色和背景的处理都不一样，其中《甘畅藏书（四）》的背景融入民间蜡染工艺，朦胧迷离的效果拓展了海底世界谜一般的梦幻空间。

甘畅在世纪之交创作的这两张鱼藏书票，有远古壁画天真未凿的面貌，线条或苍劲古朴，或天真烂漫，美不胜收。

甘畅的藏书票作品大多意象单纯，即使是构图丰满的作品，也会突出主体，将自然之美凝练为形式之美，诚如清初画家恽南田所言："画以简贵为尚，简之入微，则洗尽尘滓，独存孤迥。"

◆ 甘畅藏书（四）　　　　　　　　　　　　　◆ 鱼

甘畅1998年作　　　　　　　　　　　　甘畅2000年作

　　星星、太阳、月亮和云彩，鸽子从书中起飞，或是鸽子衔着书向我们飞来，都突出了书的美好主题。甘畅的两枚双鸽图，内含一派纯真的童心。

　　甘畅藏书票的艺术特色是简约质朴，平和冲淡，简约的画面给读者留下了想象的空间，不蔓不枝、从容不迫叙事抒情风格，使人看来非常舒服熨帖，将思绪带到沉静的意境。

◆ **甘畅书票**　　　　　　　　　　◆ **双鸽图**

甘畅1998年作　　　　　　　　　　甘畅1998年作

　　甘畅的《读书乐》藏书票表现了袋鼠读书的情形，以拟人化手法表现了袋鼠勤奋和浑厚的一面，夸张、谐趣而幽默。天上的弯月、地上的小草渲染出氛围。

　　这张藏书票曾入选在波兰举办的国际藏书票小版画展。

◆ **龙凤呈祥**   ◆ **读书乐**

甘畅1998年作   甘畅1998年作

　　2011年，女儿就要结婚了，甘畅为女儿创作了《张天的书·鸳鸯》。这是一张祝贺新婚的藏书票，图中的鸳鸯是中国民俗文化中的爱情鸟，它们形影不离，是夫妻恩爱的象征。

　　藏书票采取剪纸构图，鸳鸯一大一小，雌雄相对，深情款款。红色的衬图为中国传统的民间剪纸图样，五瓣梅花寓意梅花开五福，蝶恋花寓意美好爱情，喜鹊登梅寓意喜上眉梢，都是中国民俗文化中的美好寓意，满是吉祥喜庆的色彩。

◆ 张天的书 · 鸳鸯

甘畅2011年作

《李氏刚田藏书》藏书票构图规整，上下是古代玉器中的两条玉鱼，鱼身皆截为三段，分为鱼头、鱼身和鱼尾，头尾左右错落，循环有致。图案的四角采用古代青铜器和玉器常见的夔纹，夔纹也叫夔龙纹，夔龙纹和玉鱼是经典的中国传统纹饰，两者同构一图，再配合篆刻印章，古色古香，无限雅致。

这方印章是甘畅的先生所制，票主李刚田是其尊敬的老师。李刚田是中国书法家协会理事、中国书协篆刻艺术委员会副主任。后来，甘畅告诉我，李刚田的斋名为石鱼斋——原来玉鱼的设计灵感源自票主室名！

对应、均衡和规整是这张藏书票的特点，但绝不呆板。规整是因为票主的名字，"李氏刚田藏书"设计成为一方篆刻印章，置于正中，整幅画面的设计理念和构成，都围绕票主名字中的"田"字。是的，图案造型就是一个田字！围绕这个字，整合了多种艺术元素。感悟作者的巧思，这张看似规整谨严的藏书票，也变得灵气飞扬起来。

◆ 李氏刚田藏书

甘畅2011年作

毕崇庆：朴拙灵动

毕崇庆的两张漏印"毕崇庆珍藏"系列藏书票借鉴民间泥塑和布艺造型，色彩丰富，形象朴拙，富有浓郁的民间工艺特色，表现了民族风格。

◆ 毕崇庆珍藏（一） ◆ 毕崇庆珍藏（二）

毕崇庆作 毕崇庆作

　　"崇庆藏"系列藏书票中的鸬鹚通称鱼鹰，是一种擅长捕鱼的鸟，它可以一次吞下一斤重的鱼，几只鸬鹚合力还可以捉住一条10斤左右的大鱼，并将它拖上岸来。鸬鹚沿海生活而不是海洋鸟类，在内陆水域有生活区域。鸬鹚的肺大，可以长时间沉入水中捕鱼而不用换气，它的体温也很高，冬天捕鱼不会受冻。

　　毕崇庆的两张藏书票如同电影剪辑镜头，将鸬鹚捕食小鱼的过程拍摄下来以特写定格。

　　捕食小鱼的每一步骤的特写都将鸬鹚的瞬间表情、灵动姿态表现得栩栩如生。

◆ 崇庆藏（一）　　　　◆ 崇庆藏（二）

毕崇庆作　　　　　　　毕崇庆作

张莉：剪纸一般的气韵

张莉的黑白木刻《力舒藏书》藏书票中的鹿，行走的姿态优雅雍容，神情惟妙惟肖。

鹿是人们熟知的一种珍贵的野生动物，自古以来，它就被视为吉祥长寿的象征。

◆ **力舒藏书**

张莉1998年作

张莉创作的《列子书屋》和《乐乐爱书》藏书票，采用民间剪纸技法，寓意吉祥，画面喜庆，气韵生动。

《乐乐爱书》刻画了一只舞动的狮子。关于舞狮的出现，有很多传说故事。相传汉章帝时，西域大月氏国向汉朝进贡了一头金毛雄狮子，使者扬言，若有人能驯服此狮，便继续向汉朝进贡，否则断绝邦交。

在大月氏使者走后，汉章帝先后选了三人驯狮，均未成功。后来，金毛雄狮狂性发作，被宫人乱棒打死。宫人为逃避章帝降罪，于是将狮皮剥下，由宫人兄弟俩装扮成金毛狮子，另有一人逗引起舞，此举不但骗过了大月氏使臣，连章帝也信以为真。

真人舞狮之举后来传出汉宫，老百姓认为舞狮子是为国争光、吉祥的象征，于是仿造狮子，表演狮子舞，舞狮从此流行。

◆ 列子书屋　　　　　　　　　◆ 乐乐爱书

张莉1998年作　　　　　　　　张莉1998年作

佚名：守门石狮

两张黑白木刻以石狮子为题材的藏书票中，石狮子庄严威武，作者木版雕刻的技法准确而老到。

在古代，石狮子一般放置于大户和官府的大门前，用以辟邪消灾、镇宅护院，这样的狮子当然只有狰狞的面孔了。中国最早的石狮出现在东汉时期。元代时，看门石狮由宫廷走向民间。两张普通的石狮子藏书票，诉说狮子不平凡的历史和故事，体现了中华石狮子文化的深厚底蕴。

遗憾的是，笔者不能确定这两张石狮子藏书票作者的名字，印象中依稀记得是张娥。记得画家寄给笔者时，特意嘱咐下面的空白是留给笔者自己盖"沈泓藏书"印的。而画家自己的名字却没有签，真是淡泊名利，无私无我，情真意切。

◆ 石狮子（一）　　　　　　◆ 石狮子（二）

作者待考　　　　　　　　作者待考

宋建平：油画般的技法

宋建平的狮子以版画技法达到油画效果，无论是金灿灿的黄色，还是黯淡的蓝色，在封建的深宅大院的威严背景下，具有象征意义的狮子都显得阴森而恐怖。

其实，在传统文化中，对狮子的理解，主流是吉祥美好的象征，传统文化和民俗文化中有大量关于吉祥狮子的故事。

古人除了在春节舞狮，也在庆典等场合表演，以增加热闹的气氛。舞狮时配以乐器锣鼓，在迎神赛会上作参神之用，其意思是能镇宅旺宅，使鬼神降伏、合境安宁、五谷丰收。

宋建平藏书票创作关注的焦点是石狮子，而民间最著名的吉祥狮子图是《狮子滚绣球》。据年画艺人说，狮子滚绣球年画是根据民间传说而来的，雌雄二狮相戏时，其毛缠在一起，滚而成球，小狮子便从中产出。所以，狮子滚绣球寓意喜庆、吉祥。

◆ 狮子（一）　　　　　　◆ 狮子（二）

宋建平2001年作　　　　　　宋建平2001年作

邱凝：古朴砖刻

邱凝的砖刻藏书票《读书乐》采用圆形构图，刻画一只奔驰的梅花鹿，犹如古铜镜或古瓦当，浑厚古朴，别开生面。

中国古书中说到的鹿大多是梅花鹿。这张藏书票刻画的鹿姿态昂扬，鹿角则做了艺术的夸张。

◆ 读书乐

邱凝1994年作

王昆：灵性木刻

《方军存书》藏书票的名字表明票主是赵方军。赵方军系中国藏书票研究会副会长兼秘书长，也是教师出身，曾是王昆的同事，是王昆创作藏书票的启蒙者和引路人。

王昆最初了解藏书票版画就是因为赵方军。大学毕业后，王昆到北京工作，和赵方军成了同事。当时，王昆经常看到赵方军进行版画藏书票创作，因为他没学过版画，也不知道藏书票是什么，只能欣赏。

有一次，赵方军拿出国外藏书票作品给他看，王昆觉得藏书票和集邮方式差不多。因为王昆从小就喜欢邮票收藏，因此很快对藏书票产生了兴趣，从此开始学习藏书票版画。

在赵方军的倾力帮助下，王昆大胆尝试，慢慢掌握了刻刀的技法，一步一步创作新作品，进而对藏书票创作变得如痴如狂。

这张藏书票作品是王昆为赵方军老师创作的，凝聚着师友情谊。版画的画面是马，因为赵方军的属相是马。这枚作品表达了王昆对赵方军作为他启蒙老师和引路人的感谢，他在发给笔者的邮件中写道："感谢他（赵方军）给予我的帮助和鼓励。"

◆ **方军存书**

王昆2010年作

　　《硕海珍书》是王昆为天津著名版画家、藏书票艺术家和收藏家刘硕海设计创作的一张藏书票作品。这张藏书票作品中包含了两个中外名著中的人物，一是霍夫曼《胡桃夹子与老鼠王》中的主人公"胡桃夹子"，一是《三国演义》中的主要人物"关公"。其中关公以中国京剧脸谱形象展示。刘硕海的藏书票作品在国内外多次展览，其作品恰如这枚作品中的"猫"一样充满灵性，享誉中外。

　　票名为《胡子珍书》，表明这是王昆为自己创作的自用藏书票。王昆为自己取的昵称是"胡子爸爸"。该作品以猫为主题，表现其顽皮个性。王昆一向喜欢猫，因为猫总是充满了灵性和神秘感，聪明中带着顽皮，亲昵中带着距离。在邮件中，王昆对笔者描述："我儿时也养过猫，那时候总在暗中观察它的一举一动，我从来不敢主动上前表示亲昵，总是等待着猫咪自己跑到我这里来玩耍。这也好像我每一次创作新的作品，一开始都小心翼翼地创作，耐心等待着成果，不敢对作品有过多期望，只是享受默默创作的过程。"

◆ **硕海珍书**　　　　　　　　◆ **胡子珍书**

王昆2010年作　　　　　　　　王昆2010年作

一只猫在看书，一只猫头鹰也在看书，同时，这张藏书票又是以拟人化的手法，以可爱的猫和猫头鹰指代作者和票主。

书票的上端写有票主名"陈豪"，表明这是王昆为陈豪设计创作的一张藏书票。王昆的藏书票风格与陈豪有相似之处，王昆从这位师长的画风中吸收过艺术养分。

王昆初学绝版套色就是发现了陈豪的作品而受到启发。2008年，陈豪的藏书票作品在北京第三十二届国际藏书票双年展获得提名奖。王昆观看作品展时，被陈豪藏书票的作品构思、线条和色彩深深吸引。正是在陈豪的藏书票上，王昆第一次看到了"绝版木刻"，当时他像着了魔一样，不停地翻阅陈豪和其他名人的作品，渴望更加深入地了解这种技法。他不断地研究和学习，第一次用这个技法尝试创作了他的绝版藏书票《古币》。

这张藏书票作品通过两个动物——猫和猫头鹰展开叙事。"猫"代表王昆自己，看到陈豪老师——那只雄壮的"猫头鹰"展翅高飞，羡慕不已，所以就"偷师学艺"。

陈豪精美的藏书票给予了王昆莫大的启发，激发了他的创作灵感，《陈豪书屋》这张藏书票正是为了感激陈豪，表达的是真情，还有敬意。

◆ **陈豪书屋**

王昆2010年作

丁晖明：书中自有大千世界

　　飞猫如闪电，从头顶飞跃而过；或在椅背上玩杂技似的倒立，瞪着一双大大的眼睛。还有飞鸟，或游鱼，或雄鸡，或蛙，在书房中汇集。书中自有大千世界。

　　丁晖明创作的这组四张表现票主读书生活的藏书票，包罗万象，想象开阔而奇异，将传统意趣与现代技法融为一体，别出心裁。这套藏书票入选乌鲁木齐第八届全国藏书票展。

◆ 陈宏爱书　　　　　　　　　◆ 陈宏之书

丁晖明2000年作　　　　　　丁晖明2000年作

◆ 陈宏藏书

丁晖明2000年作

8/70

◆ **陈宏珍藏**

丁晖明2000年作

张一才：闲适有趣

张一才创作的《志坚藏书》藏书票，图中猫依书而卧，闲适生趣。大大的眼睛略带夸张，突出了猫警觉、探究、敏感而温情的眼神；翘起的尾巴摇曳生姿，更显俏皮。

张一才于1999年创作的《庆祝建国五十周年》藏书票，刻画的是一只可爱的大象驮着一盆花草，花盆上写着"50国庆"。

象谐音"祥"，在中国传统文化中是吉祥的象征，自古有"太平有象"之说。国庆五十周年，祖国繁荣富强，人民安居乐业，是太平盛世，故而藏书票以象为图，特别恰切。

◆ 志坚藏书　　　　　◆ 庆祝建国五十周年

张一才1998年作　　　　　张一才1999年作

徐良发：古灵精怪

　　猫是一种神秘的动物，它喜欢孤独，显得懒散，却行动迅捷，应变能力强，能机敏地摆脱各种困境。徐良发的《三岩书屋》藏书票，刻画的众猫神秘而古灵精怪。眼睛的刻画非常传神、别致。

◆ 三岩书屋

徐良发1994年作

武安伟：矜持而高冷

武安伟创作的《李毛爱书》藏书票把猫矜持和高冷的

神态刻画得栩栩如生。整体画面有晕染之效。

◆ **李毛爱书**

武安伟1995年作

陈立：骆驼之歌

　　陈立于2019年创作的骆驼系列共13张，堪称骆驼藏书票的大制作。每一张展示骆驼的一个侧面或一种姿态，或将骆驼置于茫茫沙漠，或将骆驼置于书的背景，或以书为路骆驼攀登而上，或鸟语花香骆驼翘首以盼，或山高水长骆驼踏歌而行……每一张都有创意，每一张都不同，表现了骆驼坚忍不拔、乐观向上、顽强进取的精神面貌，每一张都是一曲催人奋进的高歌，充满了正能量。

　　在艺术上，陈立刻画的骆驼已形成鲜明的个人风格。细密的三角点集中表现骆驼身躯，斜线和斜弧线表现骆驼长颈和驼峰的毛发，地面密集如细雨点般的奏刀表现了戈壁沙漠的质感。点和线的起承转合、巧妙组合，奏响了音色丰富的骆驼之歌，细细品鉴犹如欣赏一曲有起有伏的雄浑交响乐。而挺拔有力的腿、始终昂着的头，还有骆驼眉眼嘴唇间友善慈祥的神情，都给人强烈的审美共情，散发着隽永的艺术魅力。

◆ 文化之旅   ◆ 文化使者

陈立2019年作   陈立2019年作

周富德：饱满中有留白

　　周富德的四张动物藏书票，体现了其艺术追求和艺术风格，色彩明艳悦目，构图饱满中有留白，严谨中不乏趣味。

　　《蚂蚁拉蜻蜓》藏书票有点儿蚍蜉撼树的意味，但这只小小的蚂蚁还真能将这个巨大的蜻蜓拉动，画面既有对以小博大勇气的嘉许，又富有幽默感。

　　《骆驼与飞鸟》藏书票刻画的是骆驼沐浴朝阳（或夕阳），在大地上阔步向前。群鸟也为之欢呼雀跃，向着同一方向振翅飞翔。画家突出了骆驼顶天立地的高大形象，充满了理想信仰和昂扬的正能量。

◆ 蚂蚁拉蜻蜓　　　　　　　　◆ 骆驼与飞鸟

周富德2000年作　　　　　　　　周富德2000年作

《我们在雅典安托万家中越冬》藏书票刻画的是一个乐呵呵的老太太在树下修鞋。小鸟也似乎被她的乐观所感染，驻足于她的工具箱提手上，对着她叽叽喳喳地歌唱。还有一只小鸟扑腾着翅膀飞下来，画面洋溢着欢快、热闹的气氛。

《笼中飞鸟》藏书票刻画的是鸟笼中的鸟儿终于飞出来了，鸟笼外的鸟儿趴在鸟笼门口好奇地打量着里面，似乎要钻进去体验鸟笼里的生活。这个场景让我们不禁想起了钱钟书先生在《围城》里面说的：婚姻是一座围城，城外的人想进去，城里的人想出来。画面充满对自由和不自由的思考，富有哲理。

◆ **我们在雅典安托万家中越冬**　　　　　　　◆ **笼中飞鸟**

周富德2002年作　　　　　　　　　　　　周富德1999年作

张文荣：生趣盎然

　　张文荣的这三张动物藏书票构图讲究，风格或凝重或活泼，或富有装饰性，或富有生活情趣。

　　《文荣藏书》藏书票刻画的是一条鱼屈身圆形中，犹如明清瓷盘上所绘之鱼。圆形之外套有黑色方形，四角阴刻"文荣藏书"四字。藏书票体现了中国传统文化中方与圆的审美哲学。

◆ 文荣藏书

张文荣1998年作

35/75

《母爱》藏书票以阴刻手法，刻画了两只小鹅在鹅妈妈的带领下在水中游弋，小鹅对母亲的依恋和鹅妈妈对小鹅的呵护，被画家描绘得感人至深。

《台湾飞鱼》藏书票绘刻的是一条巨大的带翅膀的鱼从大海中腾空而起，飞向蓝天。鱼翅带动起水珠，形成水幕气势磅礴，几条横弧线突出了飞鱼腾空的力量感和速度感。

◆ **母爱**　　　　　　　　◆ **台湾飞鱼**

张文荣2012年作　　　　　　张文荣2013年作

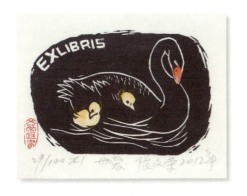　　

三泉：传统又现代

　　三泉创作的鱼、鸟以及抽象动物藏书票风格细腻、明快而清雅，有西洋艺术的风格。他的藏书票艺术既有传统具象手法，又有现代超现实的抽象表现。这里的《鱼（一）》《鱼（二）》藏书票是传统具象作品。

◆ 鱼（一）　　　　　◆ 鱼（二）

三泉作　　　　　　　　三泉作

　　藏书票《眼》则是一张超现实的抽象画，画中动物到底是什么尚难确定，可以看做海豚，也可看做大象等。大象无形，唯有眼将我们带到世界的深处。这是一张明确的藏书票，物象是确定的，然而画面又是超物外的，是诗意的。

　　三泉的藏书票《鸟》构思奇巧，刻画一只鸟在水中漫步，走着走着，就走到了书中。天上还有两只鸟扑腾着翅膀，飞向书海，是对知识的向往和追求。

◆ 眼　　　　　　　　　　　　　　◆ 鸟

三泉作　　　　　　　　　　　　　三泉作

唐润华：淡雅润泽

唐润华的"鱼"系列藏书票采用水印套色木刻技法，
色彩淡雅而润泽，风格清新。

◆ 鱼（一）　　　　　　　◆ 鱼（二）

唐润华1998年作　　　　　　唐润华1999年作

《海燕》表现了波涛汹涌的大海上，在狂风暴雨中，三只海燕搏风击浪，英姿矫健地飞翔。这张水印双色藏书票再现了高尔基写海燕的散文名句："让暴风雨来得更猛烈些吧！"充满荡气回肠的力量。

◆ 鱼（三）　　　　　　　　　　◆ 海燕

唐润华2003年作　　　　　　　　唐润华1999年作

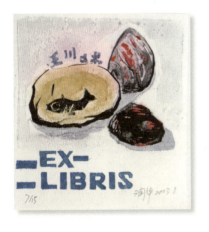

阎敏：骨感的鱼

阎敏的纸版藏书票《鱼》以凸凹纹理表现鱼的形状和
骨肉，还有鱼在游动之时水波和水泡的形状，十分独到，
有创新意味。

◆ **鱼**

阎敏1998年作

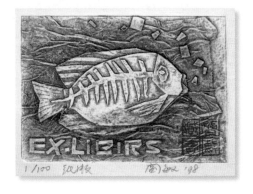

陈燕林：鱼随水草游弋

　　《小明的书》藏书票描绘的是蝴蝶鱼随着水草的飘动
而游弋的场景，水草和鱼在碧绿澄澈的水中和谐共处，有
一种诗意的美，让观赏者仿佛听到一首抒情音乐。

◆ **小明的书**

陈燕林作

张翔：渐变的蓝色梦幻

《蓝鱼瓶》藏书票刻画的古代双鱼瓷瓶别具一格，渐变的蓝色有一种梦幻感，中央透出的红色将瓷瓶的光泽表现得恰到好处。

◆ **蓝鱼瓶**

张翔1987年作

张天星：花鸟纹鱼

形态是可爱的、憨厚的，圆圆的鱼，纹路却并非鱼鳞，而是花鸟纹。作者采用剪纸的技法和纹饰，丰富了抽象艺术的装饰性。

纯净的蓝色、黄色、绿色、红色作为底色，鱼儿将我们带到明亮而幽深的意境。

张天星的"鱼"系列藏书票刀法老到，拙中见巧，风格朴茂，有独到的创造。

◆ 鱼（一）　　　　　　　　◆ 鱼（二）

张天星2000年作　　　　　　张天星2000年作

吴若光：古典韵味

　　麒麟是古代传说中的一种动物，是瑞兽。麟吐玉书、麒麟送子常见于民间年画。吴若光的麒麟配以古典绘画题材中常出现的凤及火焰，以赭色为底，更加强了这种古典的韵味。

◆ **若光藏书**

吴若光作

胡军：盘中双鱼

胡军《畅畅之书》藏书票中的盘中双鱼以斜线表现，阴刻阳刻相间，酣畅淋漓。两条鱼已经成为盘中餐，嘴巴张开似乎在呼叫什么，眼睛里充满了哀怜。单纯的构图寓意丰富。

◆ **畅畅之书**

胡军1997年作

钱良图：微型藏书票

钱良图的《春牛图》《甲壳虫》两张藏书票仅邮票大小，是典型的微型藏书票，真正的纸上宝石。在如此小巧的平面上，敷以五种颜色，精细至极。其中最小的一张《甲壳虫》藏书票，以拟人化的手法，表现了甲壳虫可爱的一面。

◆ 春牛图

◆ 甲壳虫

钱良图2002年作

钱良图作

张志有：三鱼图

张志有的这张石刻藏书票《学敏藏书》，也是小如邮票的藏书票。三鱼图朴拙童稚，几根细线贯穿其中，营造出水的动感。

◆ **学敏藏书**

张志有作

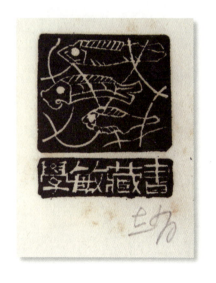

张波：粗壮与纤细

张波的《陈宏藏书》和《家新藏书》藏书票，虽同出自她之手，但风格迥异。《陈宏藏书》藏书票线条粗壮，风格厚重，是女画家的作品却无女儿气。《家新藏书》藏书票画面上的松鹤线条纤细潇洒，气质洒脱。这是张波为上海藏书票艺术家李家新（已故）创作的一张藏书票。

◆ **陈宏藏书**　　　　　　　　◆ **家新藏书**

张波2000年作　　　　　　　　张波2000年作

孙煌：刀法酣畅

　　《平凡藏书》是作者孙煌为藏书票艺术大师李平凡创作的一张藏书票。孙煌藏书票中刻画的鱼用刀酣畅淋漓，挥洒自如，将鱼在大海深处游弋的水波表现得活灵活现。这说明艺术家创作鱼藏书票时，对表现对象的动态特点做足了功课。

◆ 平凡藏书

孙煌1999年作

顾锡田：金石美感

顾锡田创作的《金鱼》藏书票，采用石刻，富有金石味。画中的金鱼造型准确，栩栩如生。

藏书票《鹰》亦采用顾锡田擅长的石刻版，这也是他惯常使用的藏书票技法。画面采取阴刻手法，表现了鹰击长空的豪迈气势。

◆ 金鱼　　　　　　　　　　　　　　　　◆ 鹰

顾锡田1992年作　　　　　　　　　　　顾锡田1992年作

马心义：别出心裁

马心义创作的《鱼》藏书票中的蝴蝶鱼悠然自得，在水中自由游弋，吐着水泡，乐在其中。

《鸟》藏书票构图别出心裁，一棵枯萎的大树，在光秃秃的树干上，伫立着一只小鸟，树上的小鸟与树融为一体。

◆ 鱼　　　　　　　　　　　　　　　　　　◆ 鸟

马心义作　　　　　　　　　　　　　　　马心义作

王建国：海螺的声音

　　海洋世界中，有很多和鱼相生相伴的海洋生物，它们和鱼类共同构成了奇妙的海洋世界。海螺是一个海产的大大的"蜗牛"，它美丽的贝壳能长到30—35厘米长。

　　王建国的《贝壳》藏书票亦名《海螺》，采取胶版技法刻制，以细密的方格线条织成底纹，富有装饰性，突出了海螺黑白分明的形状和纹路。精准的刻画，让我们似乎听到了海螺的声音。

◆ 贝壳

王建国1998年作

何戚明：青蛙与蜻蜓对话

　　《戚明藏书》藏书票中的青蛙与蜻蜓对话，营造出一个童话世界。青蛙的姿态活灵活现，眼睛更是传神。

　　据研究表明，青蛙是靠眼睛得到周围世界信息的，它有极为复杂的视网膜，由三层各自分开的神经细胞组成，共有约450万个细胞；青蛙通过眼睛将看到的信号传达给大脑，大脑得到的是四种图像重叠的记录，这使得青蛙看运动的物体很敏锐，而对静的东西几乎视而不见。

　　何戚明藏书票中的青蛙看到蜻蜓时手舞足蹈，兴高采烈，是因为它能敏锐地观察到运动中的蜻蜓。画家对青蛙一定研究过，描绘才能如此准确。

◆ **戚明藏书**

何戚明2000年作

张兆鑫：神奇的蜗牛

张兆鑫创作的《庄吉的书》藏书票画面金光四射，两个图案巧妙组合而成的主角，仿佛童话中的蜗牛，十分神奇。

◆ 庄吉的书

张兆鑫1999年作

王敢：水印木刻的韵味

《和平鸽》藏书票采用水印木刻叠印技法，以英文单词"中国"的首字母C为主要构图要素，以白色的和平鸽和巍峨的长城为主图，寓意中国人民热爱和平，是捍卫世界和平的重要力量。

这张书票创作于1995年。当时，贝尔格莱德藏书票界、格拉菲恰克依画廊和瑞士驻南斯拉夫大使馆联合举办了一个国际藏书票展。王敢收到征集作品的通知后，专门为此制作了两张和平鸽藏书票，这是其中的一张。

没想到，四年后，北约对这枚呼唤和平的藏书票展示地狂轰滥炸，中国驻南斯拉夫大使馆遭到美国导弹袭击。这张四年前制作并展出过的藏书票，代表中国和世界一切爱好和平的人民的心声，从而具有了更深刻的历史意义和现实意义。

《新世纪好》藏书票描绘两只熊猫并坐，共同打开一本书，书封上刻写"2000新世纪好"。熊猫的刻画采取拟人化手法，神情可爱，憨态可掬。周围一圈灰色叠影增添了水印木刻的韵味。

◆ 和平鸽　　　　　　　　◆ 新世纪好

王敢1995年作　　　　　　王敢1999年作

侯秀婷：橄榄枝长出鸽子

鸽子和树叶长在一起，叶脉成了鸽子的骨架，画面表现了绿色世界的和谐、和平与宁馨。

侯秀婷的这组鸽子藏书票，采用阴刻手法，刀法娟秀清丽，想象奇特而合理，富有情趣。

◆ 李育才书屋　　　　　　　◆ 林创基书屋

侯秀婷1999年作　　　　　　侯秀婷1999年作

这组藏书票是用地板胶雕刻的，地板胶制作藏书票可以说是侯秀婷的独创，她大胆的探索将版画技艺发挥得淋漓尽致。

◆ 水禾田书屋　　　　　　　◆ 何贞书屋

侯秀婷1999年作　　　　　　侯秀婷1999年作

蔡欣：放飞和平

　　《楚楚藏书》藏书票画面上是双手放飞鸽子，双手的姿势也是一只鸽子造型，充满了呵护和珍惜之情。

　　红色的鸽子不仅仅代表和平，而且代表希冀。

　　绿色的树作为背景，契合生态环保的主题。

　　绿树的顶部渐渐变为金橘色，使我们仿佛听到了阳光的旋律，大地的声音。

◆ **楚楚珍书**

蔡欣2000年作

刘琛：画有尽而意无穷

　　刘琛的鸽子似乎要在画面上留下更多的意象，在小巧玲珑的画幅中，具象中有抽象。

　　鸽子是人类最喜爱的鸟之一，也是人类最爱饲养的鸟之一。鸽子出名可能是因为它具有两大功能：第一它是人类和平的象征；第二它是人类的信使。据史书记载，中国养鸽已有两千多年的历史，在唐朝达到鼎盛。唐太宗李世民曾亲自指挥用鸽子传信，从长安到洛阳，"日往返数回"。

◆ **刘琛书票**

刘琛1993年作

张丰泉：小巧玲珑

　　张丰泉的藏书票规格统一，都是小型画幅，小巧玲珑，属于真正的版画珍珠。

　　张丰泉飞禽藏书票分别表现鸽子、啄木鸟、凤凰和蝴蝶，以小见大，寓意丰富。如《茂魁藏书》中的鸽子在地球上飞，地球是由一排排代表藏书票标志的拉丁文字母组成，张丰泉的这张藏书票表现了全球人民对和平的美好向往。

　　《延荣藏书》画了一只蝴蝶在书上驻足，似在嗅书读书，两边刻写七字篆书："只恋书香不恋花"。人们将藏书票比喻为书中蝴蝶，这张藏书票就是书中蝴蝶的形象写照。

◆ 茂魁藏书   ◆ 延荣藏书

张丰泉1999年作   张丰泉1999年作

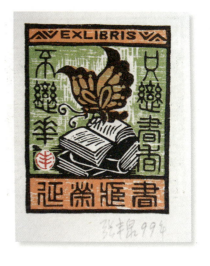

◆ 玺璋藏书

◆ 玺璋之书

张丰泉1999年作

张丰泉1999年作

◆ **延荣之书**

张丰泉2000年作

高华：寓意多韵

高华创作的《和平鸽》藏书票，刻画的是鸽子口衔橄榄枝祈求和平，书在心中翻阅。鸽子身上以斜点刀法处理，仿佛战争的碎片一般。

《小丽书票》藏书票画面上是一条鱼，以儿童画的表现形式，在稚拙中透出远古岩画和汉画像石的韵味。

◆ 和平鸽　　　　　　　　　　　　◆ 小丽书票

高华作　　　　　　　　　　　　　高华作

刘晓东：和平之鸽

　　两张和平鸽藏书票，或鸽子口衔橄榄枝环抱地球，或橄榄枝地球作为鸽子背景，都表现了世界和平的主题。

　　在人类战争和重大危机中，鸽子立下了赫赫战功。第一次世界大战期间，英法联军遭到德军的重重包围，英国种鸽凯米亚临危受命，穿过炮火，飞翔25分钟到达司令部传达信息。被包围的将士得救了，鸽子却带着累累伤痕牺牲了。文学艺术家将鸽子视为和平的象征，创作出无数美好形象。

◆ 和平鸽（一）　　　　　　◆ 和平鸽（二）

刘晓东1995年作　　　　　　刘晓东1995年作

　　丹顶鹤是优雅的，鹤舞是画家喜欢表现的形象。刘晓东的《鹤舞》藏书票刻画一只鹤喙中叼一本书，翩翩起舞，在鹤的动物属性中融入文化属性，想象丰富，意味无穷。

◆ **鹤舞**

刘晓东作

温洪声：一鹤一琴

　　松鹤延年，鹤和松总是在一起。松枝环绕，三角形中一只鹤独立其中，地上是一张古琴。

　　古人为鹤写了很多诗。如"翱翔一万里，来去几千年""长鸣似与高人语，屡舞谁于醉客求""鹤舞九天入云霄"等。有的地名和建筑以鹤命名，如武汉的"黄鹤楼"等。也有很多带鹤字的成语，如"梅妻鹤子"等。每一个命名和成语，都有一则动人的故事。

　　温洪声的《鹤》藏书票刻画了一鹤一琴，松枝相生，饶有古典情韵。

◆ 鹤

温洪声1996年作

郁田：飞鹤图

郁田为刘白羽创作的《刘白羽（藏书）》藏书票，以红色为底色，寓意飞向红彤彤的世界，恰切表现了刘白羽进取而火红的人生，也象征着刘白羽豪放乐观的散文风格。

大鹤宽阔的翅膀在多次狂风暴雨中都没有折断，更显雄强之气质。以鹤为题材，也表达了画家对票主健康长寿的祝愿。

◆ 刘白羽（藏书）

郁田作

孙培伦：铜镜瓦当映像

孙培伦的《三鹤图》藏书票，以铜镜和瓦当构图，三鹤围绕一个圆圈飞翔，四角不是通常的蝙蝠，而是藏书票标志字母和票主的名字，构思别致，推陈出新。

◆ **三鹤图**

孙培伦作

袁振璜：深情地等待

一只海鸥静静伫立在海港或船舷的绳柱上，就像望夫石，等待爱人的归来。这就是《振璜藏书》藏书票刻画的场景。

鸥是一种深情的鸟，早在唐朝，诗圣杜甫就有诗为证："相亲相近水中鸥。"鸥常常混在一起繁殖，在人类的眼中，它们的外貌极为相似，雌雄也难以分辨。它们的婚配是否会混淆呢？经过鸟类学家的观察和研究，这是绝对不会的。

每种鸥都有自己独特的舞姿和歌声。在婚配期间，一只鸥相中了另外一只，会按照自己的舞步和姿态飞行，发出特有的叫声，如是同种，对方就会仿效。得到证明后，雄鸥会向另一方奉献小鱼求婚，然后在空中作仪式性飞行，将礼物传来传去。鸥结成秦晋之好后，相亲相爱，白头偕老。

袁振璜的《振璜藏书》藏书票色彩沉稳，意向鲜明。

◆ **振璜藏书**

袁振璜作

元国梁：书山有路勤为径

红日初升，海鸥翔集。元国梁的电脑藏书票《惟寅珍藏》以书为海水，视野开阔，色彩明亮，气势宏大。

海鸥口中衔着英文条幅，表示是为参加2000年波士顿藏书票大展准备的。

元国梁创作的《石成峰》藏书票，刻画了几本书叠加堆放在一起，就像一块块的石头堆积成的山峰，故而取名"石成峰"。"书山有路勤为径"，只有艰苦顽强的攀爬者才能到达知识山峰的顶峰。

两只小蜜蜂在书上飞翔，表现了读书如蜜蜂采花，在书海中采撷到丰富的知识，才能酿就出甜蜜的未来。

◆ 惟寅珍藏   ◆ 石成峰

元国梁1999年作   元国梁作

刘继鹏：天空猎手

刘继鹏的创作表现了老鹰捕食时的瞬间动作和神态。

鹰是一种凶猛的动物，很多动物，包括凶狠的毒蛇，都是它攻击猎取的对象。在茫茫的戈壁滩上，在起伏的群山间，鹰是一个高傲的猎手，无畏无惧，孤独沉静，勇敢执着。

◆ 鹰

刘继鹏作

金栋：双鹰嬉戏

金栋的创作表现了双鹰空中追逐相斗或嬉戏的场面。鹰是飞行速度最快的鸟之一，它疾速下降时速可达250千米/小时。鹰性格孤独高傲，常常是独居，或是与配偶在一起生活，但不习惯群居。

◆ **震波藏书**

金栋1999年作

曹广胜：凤凰变奏曲

　　曹广胜创作的两张以凤凰为图案的藏书票，均采用丝网版制作。凤凰主图完全一样，不同的是，一张是单纯的凤凰为图；一张在凤凰图两边增添了装饰图案，其中右边是一个腰间佩剑的女子，面对凤凰，似乎要将手中的食物喂给凤凰吃。凤凰是高贵女子的代名词，是女皇或皇后的象征，画家将女子与凤凰画在一起是顺理成章的。两边有"爱书"两字，贴合藏书票主旨。

　　《凤凰（一）》和《凤凰（二）》，同样的凤凰，不同的装饰，犹如凤凰变奏曲。

◆ 凤凰（一）　　　　　◆ 凤凰（二）

曹广胜作　　　　　　　　　曹广胜作

唐华志：曲项向天歌

"鹅，鹅，鹅，曲项向天歌。白毛浮绿水，红掌拨清波。"唐代骆宾王的《咏鹅》诗已经成了千古传唱的名句经典。传说，骆宾王小时候住在义乌县一个小村。一天，家里来了一位客人，七岁的骆宾王与客人谈古论今，对答如流。客人感到十分惊讶，跟着骆宾王走到村外的骆家池塘时，正逢一群白鹅在池塘里嬉戏。客人指着这群白鹅问小骆宾王可否写一首诗，骆宾王看着白鹅脱口而出，创作了这首《咏鹅》诗。

唐华志这张藏书票以黑白木刻表现了三只鹅，两只鹅"曲项向天歌"，一只引颈探寻使人仿佛听到了诗中"鹅、鹅、鹅"由远至近的欢叫声。画和诗中思维的跃动如此合拍，单纯的意象更富独特韵味。

◆ **鹅**

唐华志1999年作

娄启盘：双鸭图

娄启盘的《双鸭图》藏书票以水印套色木刻技法表现，达到国画的效果。

画面上一对水中鸭子犹如鸳鸯，它们宁静平和、相亲相爱，相随相依的游姿，暗含了画家的感情。

◆ 双鸭图

娄启盘作

杨春华：两只小鸟

《伟冬藏书》藏书票上，两只小鸟相对而立，似在一起商量什么事情。鸟儿一大一小，从它们站立的姿态看，该是熟悉的老朋友了，或似一对相濡以沫的夫妻。透过这张小小的藏书票，寥寥数笔，可以看到杨春华娴熟而高超的造型能力。

◆ **伟冬藏书**

杨春华1998年作

周世荣：岩画风韵

　　周世荣创作的飞禽走兽系列藏书票一组四张，几乎每张都有凤的形象出现。这套丝网版藏书票描绘的形象若隐若现，古朴生动，仿佛原始时代的岩画，表现了远古时代的生活，富有想象力。

◆ 世荣藏书（一）　　　　　　◆ 世荣藏书（二）

周世荣作　　　　　　　　　周世荣作

◆ 世荣藏书（三）

周世荣作

◆ 世荣藏书（四）

周世荣作

王富强：星空龙凤

　　王富强的丝网版技法创作的龙凤系列藏书票，画面上龙飞凤舞，凤凰或东飞，或西飞，造型独具风格，饰以星座，以银色印在黑纸上，富有古典意蕴和神秘色彩。

◆ 富强藏书（一）　　　　　◆ 富强藏书（二）

王富强1998年作　　　　　王富强1998年作

张克勤：浓郁民族风

　　将民间美术、西方技法熔于一炉，将剪纸、纸版、铜版干刻等手法用于藏书票，张克勤的藏书票既富有浓郁的民族风情，又呈现出多方面的探索。他创作的《世纪纪念·戴平珍藏》藏书票，以剪纸手法表现喜鹊，技法纯熟，富有喜庆色彩和浓郁的民族风情。

　　《汤玲（藏书）》藏书票刻画的是一只红色大鸟，口衔一朵小黄花站立在树枝上，枝头红花似火，应如票主火热的性格和情怀。

　　《黎阳藏书》藏书票采取干刻技法，三角形构图，一匹头马正面居中，突出坚毅的马首，强悍的马体，一群斑马随后。这是张克勤为中国藏书票研究会常务副主席、上海美协版画工作委员会藏书票部主任邵黎阳创作的一张藏书票。邵黎阳是上海藏书票事业的领头羊，带领上海藏书票艺术家一马当先，群马奔腾，为上海藏书票事业蓬勃发展发挥凝聚作用，作出了重大贡献。这张藏书票是对他的赞赏，也是准确的描述。

　　《许志勇六十岁生日快乐》《蝴蝶》藏书票色彩艳丽，以剪纸的造型、民间美术的情调，生动表现了国宝熊猫、美丽蝴蝶的动感形态。

◆ 世纪纪念·戴平珍藏　　　　◆ 汤玲（藏书）

张克勤1999年作　　　　　　　张克勤2017年作

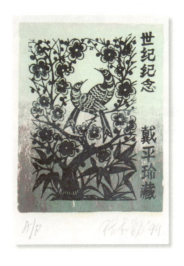

◆ **黎阳藏书**　　　　　　　　◆ **许志勇六十岁生日快乐**

张克勤2017年作　　　　　　　　张克勤2018年作

◆ 蝴蝶

张克勤2004年作

颜复兴：树间音符

《复兴书票》藏书票构图对称均衡，刻画的是一棵被树枝分成四层的大树，每根树枝上都停歇不同的鸟儿，这些鸟儿犹如美妙的音符，演奏大自然交响曲。它们悠然自得，是音乐的精灵。

◆ **复兴书票**

颜复兴1999年作

王玉亭：嗷嗷待哺

　　鸟妈妈口衔食物，从空中俯冲而下，一群出生不久的小鸟纷纷张开小嘴嗷嗷待哺。《玉亭藏书》藏书票采用木版油印技法，生动形象地刻画了鸟类母爱的光辉。

　　藏书票构图别具匠心，小鸟不是在鸟窝中，而是在一本打开的书上，书就是小鸟的窝，就是小鸟的家园。在书中吸收养分，在读书中成长，亦是爱子心切的父母们的殷切期盼。

◆ **玉亭藏书**

王玉亭1999年作

洪凯：花鸟寓吉祥

　　《鹊上梅梢》藏书票，取材于中国传统花鸟画，采用凹版印刷技法，精细刻画出花鸟神韵。"鹊上梅梢"谐音寓意"喜上眉梢"，吉祥如意。

　　《富贵双双到白头》藏书票刻画的是白头翁鸟伫立牡丹花枝头。牡丹是富贵花，牡丹花和白头翁鸟同构一图，寓意富贵双双到白头。牡丹花下还有一只蝴蝶，蝶恋花寓意爱情。《富贵双双到白头》蕴含了中国传统文化中的吉祥寓意。

◆ 鹊上梅梢   ◆ 富贵双双到白头

洪凯2012年作   洪凯2012年作

《凤凰牡丹》藏书票采用丝网版技法，表现凤凰牡丹，富贵吉祥。这张小版画没有藏书票标识，但画幅和藏书票大小相当，加上藏书票标识，即可作为藏书票看待。

◆ **凤凰牡丹**

洪凯2014年作

梁凌：变形夸张的动物

"梁凌藏书"系列藏书票采取变形夸张的手法表现动物，富有神话色彩，与陆放的"怪兽"系列藏书票有一脉相承的关系。

陆放的线条粗犷浑朴，而梁凌的线条则清秀纤细。

陆放诡异瑰奇，梁凌有规律可循，他的神怪动物更加具有人性化的一面，大多为传统武术造型，自成面貌。

梁凌这组藏书票表现的动物到底是什么？虽然有不确定性，但明显具有动物的野性特征。这些兽面人身藏书票，表现了动物的野性。然而，在梁凌的藏书票艺术中，这些动物又有可爱的一面，从中可见画家的人文情怀。

◆ 梁凌藏书（一） ◆ 梁凌藏书（二）

梁凌1998年作 梁凌1998年作

徐明跃：睡在扇子上的猫

徐明跃创作的猫呈现憨憨之态。据有关资料，世界上共有72种猫，爱猫人士遍布全球。据说，美国是世界上养猫最多的国家，有一半以上的家庭至少养一只猫或狗，每年用于养猫的费用超过了儿童食品费用。可见美国人对猫的喜爱。

《猫》藏书票中猫睡在一把扇子上，主人还不忍将扇子拿开，表现了人类与猫的亲密关系，还有猫咪对人类的信任和依赖。画面温馨，线条简洁。

◆ 猫

徐明跃作

吴家华：对称双狮

　　吴家华的《双狮》藏书票构图对称，动感传神。双狮
滚绣球是民间年画中常见的图案，寓意吉祥。

◆ 双狮

吴家华1984年作

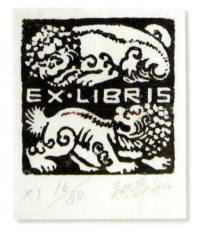

胡有全：骆驼饮水图

胡有全的《有全藏书》藏书票以传统、平实的黑白木刻手法，阴刻与阳刻巧妙交织，造成光与影变化中的透视效果，得中国早期版画艺术家风格与神韵。

骆驼主要分布在胡有全工作的西北干旱地区，但野骆驼正在中国逐渐消失。1995年，巴彦淖尔盟额济纳旗的一个狩猎小组在马鬃山捕获了一头小野骆驼，证明我国西北部戈壁滩上，还残存这种罕见的珍贵动物。

◆ **有全藏书**

胡有全1999年作

白树镛：西域风情

　　骆驼是沙漠之舟。在《少山藏书》藏书票上，两只骆驼载着两个人，在沙漠戈壁上穿行，表现吹笛人的浪漫。同时，也凸显了骆驼的负重前行、任劳任怨的坚忍不拔精神。

　　远山大漠，地老天荒。白树镛的《少山藏书》藏书票画面生动，明快流畅。主图骑骆驼的远行人横笛欢歌，毫无荒无人烟处的孤独感。

　　在表现技法上点与线、横与斜、阴刻与阳刻，结合得巧妙而完美。远山近草，历历在目，层次分明，富有音乐节奏感。

　　白树镛是善于表现戈壁大漠、西域风情的高手。

◆ **少山藏书**

白树镛1997年作

秦国君：骆驼剪影

秦国君的《骆驼》藏书票画面很小，然而作者善于在局促的画幅上表现广阔的场面，通过黑色的天空、栅栏的一角，还有几笔简洁的斑点，表现出了无垠的空间。

画面中骆驼的剪影，昂首阔步，一副天地任我行的豪迈与坚定。

◆ 骆驼

秦国君2000年作

赵传芳：民间美术神韵

　　赵传芳的大象造型单纯，色彩艳丽而和谐，大象身上的花纹富有民间工艺美术的神韵，装饰效果强烈。

　　庞大的动物显得憨厚，特别富有感情和爱心。据说，肯尼亚阿伯德尔斯国家公园曾经发生过这样一件事：一头年轻的母象死了，其余的几头母象带领小象围守在尸旁，长达3天3夜。

　　赵传芳创作的《小明藏书（二）》藏书票上的动物造型别致，狮子的头、尾巴，鹿的角，身上点有梅花，似鹿又似狮的"四不像"，为古代神话传说的麒麟，亦为最初的古代四灵之一。

◆ 小明藏书（一）　　　　◆ 小明藏书（二）

赵传芳1998年作　　　　赵传芳1998年作

郝伯义：黑熊的拱手礼

　　一只站立的黑熊双手抬起，仿佛人类礼仪中的拱手行礼一样，似乎祈求人类不要过度开发大自然，不要破坏动物生活的生态环境。这就是《伯义藏书》描绘的画面。

　　背景犹如远古动物岩画或动物化石剖面。这张小小藏书票博古通今，以史为鉴，主题鲜明，昭示了保护生态环境、保护濒危野生动物的必要性和紧迫性。

◆ **伯义藏书**

郝伯义作

刘硕仁：江中白鱀豚

　　白鱀豚在江水中游弋、跳跃，惹人喜爱。画中的白鱀豚的长嘴略上翘，眼很小，在口角后上方。背鳍呈三角形，鳍肢较宽，末端钝圆，尾鳍呈新月形。

　　刘硕仁将他设计邮票的经验用于《白鱀豚》藏书票设计，构图讲究。上面大半部分绘刻横向曲线，同邮票满票幅的曲线类似，只是显得稍粗一点，可能藏书票比邮票大的缘故吧。这些曲线诗意地表现出水波的流韵，白鱀豚在水波中呈弧形铺展。下部三分之一留白处绘刻两条小鱼，几个水泡表现了长江水世界活跃的生命。

　　《白鱀豚》藏书票构图雅致，右下圆章形中写"于江藏书"，左上端横式拉丁文藏书票，与右下圆形形成对应。拉丁文中的E和L下面长长的一横，与横式水波纹线相谐照应。整幅画面都在竖式长方形框内，唯有海豚微翘的长嘴突出左侧框形，避免了框式画面过于规整可能带来的呆板。如此，海豚似乎有了透气之处，框式审美也有了舒展透气的地方。

　　《白鱀豚》藏书票采用邮票纸印制，长方形框外打了一圈邮票齿孔，使这张藏书票有了邮票小型张的气质。给藏书票图打上齿孔，这也是邮票设计大师刘硕仁的"专利"。

◆ 白鱀豚

刘硕仁2001年作

蒋艳俐：水精灵

　　《水精灵》藏书票刻画的主角是一只水母，蒋艳俐将其刻画得仿佛童话中的白雪公主，长发飘拂，遮掩了美丽容颜，然而遮掩中，仍能感受到清秀、美丽的气质。

　　蒋艳俐喜欢表现海中的浪漫世界，如2017年她创作的《人鱼小姐》，刻画她想象中的美人鱼形象。她的这类作品都具有纤细、敏感、秀雅的个人风格，将女性的细腻情感和审美感觉融入画中，代表了新生代藏书票作者的新气象。

◆ 水精灵

蒋艳俐2016年作

吴亮：禅意的猫

这是一张富有禅意的藏书票作品。一只猫，盯着一只悬空的球，画面富有禅意。上部刻写文字："相则见如来妄若见……"。

吴亮的铜版技法富有独特的个人风格。《猫》藏书票中的毛发绒一般柔软，胡须劲挺刚健，与毛发的柔顺刚柔相济。画家将猫专注的大眼睛和富有灵性的神态刻画得惟妙惟肖，具有耐人寻味的隽永魅力。

◆ 猫

吴亮2012年作

滕维平：茫然的骡子

贵阳版画家滕维平的《小敏藏书》藏书票，夸张地表现了非驴非马的骡子的茫然神态，在浑朴风格中表现个性，富有滑稽的喜剧色彩。

◆ **小敏藏书**

滕维平1999年作

熊琦：空灵的音符

《熊琦藏书》这张藏书票别开生面，如果用一个字描述看到这张藏书票的感觉，这个字就是——空。

空荡荡的画面上，只有上面一排站在电线上的小鸟，犹如空中的音符，还有一轮红艳艳的太阳。

空就是留白，是中国画传统中最重要的审美要素之一。留白之外，画面上极少的物象描绘需要更加精细。

熊琦刻画的这一排小鸟，姿态各异，它们交头接耳，或亲近或疏离，仿若人类。它们艳阳高照下的闲适生活，令人类羡慕。空，就是空灵。

◆ **熊琦藏书**

熊琦1993年作

张娥：娇憨的小驴

《张娥之书》藏书票表现了毛驴的娇憨之气，惹人喜爱。家驴的祖先，是至今生活在非洲埃塞俄比亚和索马里干燥大草原上的野驴。非洲野驴和中国山西的驴子差不多大小，《张娥之书》藏书票中的驴，正是出自山西驴子。

◆ **张娥之书**

张娥1998年作

黄吉春：活泼明快的禽鸟

黄吉春的禽鸟系列藏书票分别采用水印木刻和油印木刻技法，全部是套色彩印。禽鸟或展翅高飞，或站立枝头，或扑腾翅膀起舞，或相亲相爱，构图简洁，但主体突出，不蔓不枝，给人生机盎然、活泼明快之感。

黄吉春藏书票的构图细节常有奇思妙想。如《兰子（藏书）》，大大的鸟喙衔一本小书，这本书将藏书票的属性体现出来了。仔细瞧瞧鸟儿站立的树枝，其实不仅仅是树枝，而是将藏书票拉丁文字母EXLIBRIS巧妙地嵌进了树枝。

《小龚藏书》藏书票将企鹅拟人化，大企鹅手捧一束鲜花，对身边的企鹅耳语，分明是爱情的表白。企鹅肚子上刻印一红唇，其他几张禽鸟藏书票上也有红唇。这饱含深情的爱之吻，成为黄吉春禽鸟藏书票的标识，别开生面。

◆ 兰子藏书　　　　　　　◆ 小龚藏书

黄吉春1996年作　　　　　　黄吉春1999年作

◆ 吉春藏书（一） ◆ 吉春藏书（二）

黄吉春1994年作 黄吉春1996年作

◆ **尧红藏**

黄吉春1997年作

王维德：质朴的浪漫

　　王维德的这几张动物藏书票中，一张是山林中的鹿，三张是海洋生物。每张藏书票构图都十分讲究，其中《陆永寿藏》刻画了两只鹿，一只低头吃草，另一只抬头回看，背景山峦起伏，云烟缭绕。

　　王维德采取色彩渐变方式，远处山峦为淡蓝色，向下渐变为淡绿色草地。线条单纯，采用长横线划出山脚下的树林和草地区域。每棵树以规整线条和规整造型刻画为宝塔形，富有装饰趣味。天空中六只大雁一字飞翔，大雁的翅膀一上一下，排列有序。这是为藏书票收藏家陆永寿创作的一张作品。

◆ 陆永寿藏　　　　　　　　　　◆ 王虹藏书

王维德2002年作　　　　　　　　王维德2009年作

三张海洋生物的藏书票作品中，一条海洋鱼呈优美的S形状，两只海马并列错落向上游动，三条海洋鱼在珊瑚海草间向前游动。全部采用阴刻手法，背景或蓝或黑，皆有色彩渐变和光亮渐变。水中大大小小向上浮升的圆点水泡，是海马和鱼的呼吸。画面富有动感，单纯质朴中呈现浪漫情调。

◆ 征浩之书　　　　　　　　　　◆ 奕琪藏书

王维德2009年作　　　　　　　　王维德2009年作

邵卫：大尾巴猫

《君炎藏》藏书票中的这只猫的构图和造型别开生面。猫身横卧，猫尾下垂，猫尾几乎和猫身同大，就像一个巨大的惊叹号，尽管不合常理，但合艺术规律，给人强烈的视觉冲击。

这张木版猫画有一种语不惊人死不休的绝决，事实上，它做到了，没有人能忘记这只大尾巴猫。

◆ **君炎藏**

邵卫2008年作

姜丕中：熊猫与和平

　　别人是以鸽子表示要和平不要战争，姜丕中则是以熊猫表示，可见姜丕中对熊猫的喜爱。

　　熊猫是中国的国宝，憨态可掬，人见人爱。大家都不愿伤害熊猫，不愿让熊猫在战火中受难。因此，用熊猫作为止战动物，意义不逊于鸽子。或许正因此，姜丕中将熊猫作为这两张"不要战争要和平"藏书票的主角。

　　姜丕中是在2000年创作这两张藏书票的。战争是残酷的，所以作为艺术家的姜丕中用藏书票发出呐喊——"不要战争"！

　　《和平》藏书票刻画了一大一小两只熊猫相依相偎，下面英文LAVE的本意是洗涤，可能是LOVE的误写，翻译成中文应是"和平与爱"，一大一小的两只熊猫是母子之爱。

　　藏书票上面的英文FISAE是国际藏书票联盟的标志，这是姜丕中专门为参加国际藏书票联盟大会和国际藏书票展而创作的藏书票。和平、止战是全球性主题。

◆ 不要战争   ◆ 和平

姜丕中2000年作   姜丕中2000年作

范天行：和平礼赞

　　和姜丕中一样，范天行于2005年创作的《纪念世界反法西斯战争胜利60周年》藏书票，也是呼唤和平的。

　　藏书票构图讲究，刻画一群鸽子在蓝天上欢快飞翔，这是对和平的礼赞。淡蓝色色块呈弧形，表示世界反法西斯战争胜利之路。1945—2005写在中间，表明这是胜利60周年。红色藏书票标识和印章上下错落对应，给画面单纯的色彩增添了变化。

◆ 纪念世界反法西斯战争胜利60周年

范天行2005年作

瞿安钧：鹊上梅梢

澳门回归，举国同庆。瞿安钧创作的《澳门回归》藏书票刻画了一只喜鹊站在梅树枝条上放声歌唱。在中国吉祥文化中，鹊上梅梢谐音寓意"喜上眉梢"，表示欢喜之情，幸福之至。

梅树上绘刻一朵梅花，梅花五瓣，在中国传统文化中有五福之说，梅花五瓣寓意"梅开五福"。这是盛世强国幸福生活的真实写照，是对澳门人民的祝福，也是对全国人民的美好生活的祝愿。

◆ 澳门回归

瞿安钧1999年作

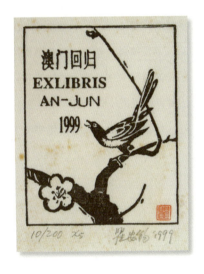

瞿蔚：诗意哲学

瞿蔚创作的《丁仃之书》藏书票，四只鸟儿在小岛上走过，小鸟的身影映在水中，每只小鸟的身姿都不一样，流线线条表现了水的韵律，画面情趣盎然，富有诗意。

《猫和鱼》是一张三色藏书票，分别采取木面木刻和锌凸版技法制作，刻画一只灰色的猫站在画中央，周边一圈是七条鱼。

猫是吃鱼的动物，这么多鱼，猫应该幸福了。然而猫的神态似乎有些困惑，到底先吃哪条鱼？到底吃不吃鱼？或许，选择成了猫的困难和痛苦。

幸福来得太多，或幸福来得太突然，可能就不是幸福了，这张藏书票富有哲学意味。

◆ 丁仃之书　　　　　　　　　　◆ 猫和鱼

瞿蔚1994年作　　　　　　　　　瞿蔚2003年作

郑震：老辣的刀法

郑震创作的两张飞禽题材藏书票都采用木版油印技法制作。《郑震藏书（一）》藏书票表现了一只丹顶鹤一步一啄，在草丛间觅食的步态身姿。

《郑震藏书（二）》藏书票刻画一只绶带鸟驻足树枝，扭动头脑，侧眼探看的神态。

郑震的藏书票画幅都很小，但小巧的画面并未妨碍郑震老辣的刀法表现犀利。滴水见太阳，从这两只飞禽的传神画面，足可见老艺术家炉火纯青的高超技法。

◆ 郑震藏书（一）　　　　　◆ 郑震藏书（二）

郑震1991年作　　　　　　　郑震1991年作

图书在版编目（CIP）数据

莺争暖树燕啄泥：灵性动物 / 陈瑀，沈泓著 . —
天津：天津教育出版社，2024.6
（书中蝴蝶：中国当代藏书票）
ISBN 978-7-5309-9038-4

Ⅰ . ①莺… Ⅱ . ①陈… ②沈… Ⅲ . ①藏书票 – 中国
– 图集 Ⅳ . ① G262.2-64

中国国家版本馆 CIP 数据核字 (2024) 第 090977 号

书中蝴蝶：中国当代藏书票
莺争暖树燕啄泥：灵性动物
SHUZHONG HUDIE ZHONGGUO DANGDAI CANGSHUPIAO
YINGZHENG NUANSHU YANZHUONI LINGXING DONGWU

出 版 人	黄 沛 丁 鹏	
作 者	陈 瑀 沈 泓	
选题策划	王轶冰	
特约策划	丁 鹏	
项目执行	常 浩	
装帧设计	杨 晋	
责任编辑	张文萱 张 清	
出版发行	天津出版传媒集团	金城出版社有限公司
	天津教育出版社	
地 址	天津市和平区西康路 35 号	北京市朝阳区利泽东二路 3 号
邮政编码	300051	100102
经 销	新华书店	
印 刷	鑫艺佳利（天津）印刷有限公司	
版 次	2024 年 6 月第 1 版	
印 次	2024 年 6 月第 1 次印刷	
规 格	787 毫米 ×1092 毫米 1/32 开	
字 数	180 千字	
印 张	11.5	
定 价	88.00 元